Cours illustré
de français · 4

Mark Gilbert M.A., B.Sc. (Econ.)

Institute of Education
University of London

Illustrated by Celia White

UNIVERSITY OF LONDON PRESS LTD

Acknowledgments

Grateful acknowledgment is due to those who have granted permission for the use of the extracts from copyright works reproduced in this book. It has proved impossible to contact the copyright owners of the passages reproduced in Lessons 12, 13 and 32, but the publishers will, if notified, be pleased to make full acknowledgment in subsequent editions of any rights not acknowledged here.

Cover photograph: Jean Ribière

ISBN 340 0 06345 9 Boards
ISBN 340 0 06344 0 Limp

Fourth impression 1972

University of London Press Ltd
St Paul's House, Warwick Lane, London EC4P 4AH

Printed and bound in Great Britain by
Hazell Watson and Viney Ltd, Aylesbury, Bucks

Cours illustré de français · 4

Cours illustré de français
by Mark Gilbert

Pupils' Books 1-5

In preparation
Pupils' Book 5—Test Booklet

Teacher's Book 1 (covering Pupils' Books 1 and 2)
Teacher's Book 2 (covering Pupils' Books 3 to 5)

Tape recordings:
    Tape 1 (one $5\frac{3}{4}''$ reel)
    Tape 2 (two 5″ reels)
    Tape 3 (three $5\frac{3}{4}''$ reels)
    Tape 4 (three $5\frac{3}{4}''$ reels)
    Tape 5 (two 5″ reels)

Film-strips:
    Set of three film-strips to accompany Pupils' Book 1
    Set of three film-strips to accompany Pupils' Book 2

Also by Mark Gilbert
French through Pictures

Contents[1]

[1] See also "Summary of Structures and Idioms", p. 222.

Preface

This is the fourth of a series of five books leading up to "O" level. It fully meets the requirements of the CSE examination.

The work is now based almost entirely on texts, which have been chosen for their intrinsic interest and usefulness. They have been graded so as to lead on easily from Book Three. Many of the stories are taken from modern French authors. These texts are intended to be used for intensive work in a variety of ways, but especially as a basis for fluent question-and-answer work, leading to careful and accurate composition in French.

The most important exercises are therefore those requiring answers to questions based on the texts, and the compositions. The questions provide practice above all in the perfect and imperfect tenses, but quite regularly also in the pluperfect, future and present. There is thus a constant revision of verb forms (verbal mistakes form 85 per cent. of all errors in written French). The questions are based on a clear situation in a known text, involve intelligent and increasingly flexible replies, and appear to the author to be far more valuable than parrot-like and meaningless pattern drills. An analysis of verbs practised in this way in Book Four will show that a very wide range of verbal patterns is covered.

Composition is the acid test of foreign-language skill and knowledge. It should not be attempted until the necessary linguistic material is well known, and much preliminary oral and written practice may still be necessary before allowing pupils to embark on their final versions. The teacher might train the pupil to ask questions on the topic in French and supply the answers. He will then demonstrate how to link these answers together, and will no doubt select compositions according to the class's abilities.

The other exercises are, it is hoped, useful in various ways:

1. Past participle and adjective agreements are tested and practised through the dictation of sentences taken, with slight modifications,

from the texts; or through *"Faites l'accord"* exercises, where the pupil has only to make the correct agreements. Every lesson should contain a little *ad hoc* practice in this difficult exercise.

2. The study of verbal structures has been continued from Book Three, often in the form of substitution tables, which are based on the stories and provide useful summaries. There are various simple ways of using these which are listed here. (They are discussed more fully in Teacher's Book 2.)

   [a] *"Faites des phrases"* means that different children should select and read aloud one or more of the combinations.

   [b] The teacher may dictate some of these combinations.

   [c] He may ask "alternative" questions on each of the items in the final column, e.g. Lesson 14, exercise VIII[a].

   [d] Finally he may encourage the pupils to learn by heart the last column, so that, for instance, they can immediately reproduce, either orally or in writing, the various examples of the patterns, e.g. in Lesson 4, Exercise VIII[a], the five things which the *clochards* were able to do.

   [e] It is easy to compose laboratory drills from them.

   Such drills help the students to acquire a firm grip of the patterns which enables them to be more fluent in questions and answers involving their use in definite situations. All this work may well take place for a few minutes at the beginning or end of lessons, after reading the story.

3. Many lessons contain some study of the lexical items in the stories, and cognate words are included. In the fourth year, with good classes, it is possible to enlarge the vocabulary more rapidly. Lists of idioms and negative patterns complete this section.

4. Some exercises on the transposition of direct to indirect speech, and of active to passive voice, are included, affording useful practice in tense manipulation in a natural way. They may, however, require preliminary oral practice before being set for homework.

The past historic tense is used from Lesson 5 onwards. As it is normally used only in writing, it is not unreasonable to expect pupils to learn the spelling from the paradigms, by the simple process of copying. The

8

teacher may, however, decide to omit the second persons singular and plural. Whenever a composition has been written using the perfect tense one might change the verbs in the perfect into the past historic, where appropriate. The conditional tense is introduced in Lessons 12 and 13, and then recurs frequently. Personal pronouns are revised throughout in the oral and written questions. Many other grammatical structures are revised.

The author has attempted to vary considerably the difficulty of the questions asked on the texts. The teacher may therefore choose from the numerous questions supplied those which he considers his pupils are capable of answering in writing, but of course he should practise them all orally first. Very often a preliminary series of simple questions supplied by the teacher will enable the class to cope with a more difficult one.

The teacher himself must decide at this stage whether he will use passages for continuous dictation or for translation from French to English and select his own extracts.

As in previous books numerous *conversations* have been included, with the same general purpose of introducing variety and flexibility.

Brief selections from the history of France have been inserted in four lessons, as an introduction to the historical background and to enlarge the vocabulary. Three of these selections have been placed in the framework of *Jeux télévisés*. Other interesting features of French life have received some attention. Teachers will no doubt further develop these topics in the light of their own experience.

Continuous practice in comprehension with questions in French is given throughout the book. At the end questions in English are included on Lessons 17, 18, 19, 21, 22, 23, 25, 26, 27, 28 and 32.

Lessons 9, 16, 24 and 33 provide material for testing and revision. They include a series of pictures as the basis of a composition, and a very short story, which may be used by the teacher in a variety of ways, for dictation, aural or written comprehension or as an oral test. These short stories have been recorded. Aural comprehension may also be practised in connection with some of the shorter stories in Book Four, e.g. Lessons 2, 11, 14, 15. As in previous books, a table of contents and a summary of grammar have been included, and also verb tables to enable pupils to check the spelling of what they have written. Very common words and those similar in form in the two languages have been omitted from the vocabulary. Much of the question-and-answer work will be recorded on tape; there will also be a number of drills of certain structures, and some conversations.

Book Five will prepare the pupils for the "O" level examination but will not depart from the fundamental principles of the oral approach (except that there will be a separate section of carefully graded practice in English-French translation to conform to the compulsory requirements of many Boards). All the structures previously practised will be revised. The vocabulary burden of the reading passages will be heavier and the comprehension questions more searching. The subjunctive will be introduced.

My thanks are once more due to all those teachers and friends, both in the United Kingdom and in France, for help and advice generously offered, and to my illustrator for contributing such interesting pictures.

M. GILBERT

Leçon I

Vacances perdues

Monsieur et Madame la Roche habitaient dans un appartement au cinquième étage d'un grand immeuble du boulevard Arago à Paris. Ils travaillaient tous les deux; Robert était ingénieur, Marianne était secrétaire. Elle gagnait 800 francs par mois; lui beaucoup plus. Un jour il lui a dit:

"Qu'est-ce que tu voudrais faire de l'argent que tu gagnes? Peut-être que tu voudrais payer l'appartement et aussi mettre 200 francs de côté chaque mois pour nos vacances d'été? Moi, je paierai la nourriture, les vêtements, la voiture, et je mettrai de l'argent de côté pour acheter une nouvelle voiture. Qu'en penses-tu, Marianne?"

"D'accord," a-t-elle répondu. "Je mettrai les 200 francs dans le tiroir de mon bureau que je peux fermer à clef."

D'abord, elle a tenu sa promesse. Elle a mis soigneusement l'argent de côté. Mais elle avait plusieurs amies qui étaient très riches: elles dépensaient beaucoup en vêtements, coiffure, visites, bridge, et, pour ne pas avoir l'air pauvre, elle a vite dépensé tout l'argent qu'elle avait promis d'économiser pour les vacances. Ils devaient partir en vacances le 15 juillet. C'était maintenant le 4 juillet et elle s'inquiétait de plus en plus. Elle se disait souvent:

"Que dira Robert quand il découvrira qu'il n'y a plus d'argent pour les vacances?"

Un soir son mari est revenu du travail à 7 heures du soir (Marianne revenait toujours une heure plus tôt et préparait le dîner). Il a ouvert la porte et est entré dans le salon.

"Mon Dieu," a-t-il crié. "Que s'est-il donc passé?" Tout était en désordre; les choses étaient par terre, la table avait été renversée, les tiroirs avaient été retirés et vidés sur le plancher. Une belle lampe que sa mère leur avait achetée pour Noël se trouvait toute brisée par terre.

"Marianne," a-t-il crié, "où es-tu?" Il s'est précipité dans la chambre et a vu sa femme. Elle était étendue par terre et pouvait à peine parler.

"Des cambrioleurs," a-t-elle balbutié, "ils m'ont battue." Et elle lui a montré des taches bleues sur sa peau. "Ils ont pris tout l'argent que j'avais mis de côté pour les vacances."

Robert a tout de suite alerté la police, et deux minutes plus tard un inspecteur est arrivé, accompagné d'un agent. Celui-là a demandé à Marianne l'heure de son arrivée à la maison, quand les cambrioleurs sont entrés, etc. Il lui a posé tant de questions qu'elle s'est troublée.

"Est-ce que les hommes portaient des gants?" a-t-il demandé.

Elle a hésité: d'abord elle a dit que non, puis elle a réfléchi et a dit que oui.

"Alors vous n'avez pas remarqué s'ils portaient des gants?"

"Ah, non, je ne me le rappelle pas bien, j'avais si peur."

Alors l'inspecteur a recommencé à l'interroger et cette fois il a vu que les réponses de la femme n'étaient pas exactement pareilles. Il a commencé à la soupçonner et l'a emmenée au commissariat. Là, après des heures d'interrogation elle a fini par admettre que c'était elle qui avait mis tout en désordre. Elle ne voulait pas avouer à son mari qu'elle avait dépensé l'argent des vacances.

I 1. De qui s'agit-il dans cette histoire?
2. Est-ce qu'ils habitaient au rez-de-chaussée?
3. Quelle est la différence entre un immeuble et une maison?
4. Madame la Roche travaillait-elle à la maison pendant la journée?
5. Avaient-ils tous les deux le même emploi?
6. Madame la Roche gagnait-elle autant d'argent que son mari?
7. Qu'est-ce que Monsieur la Roche a demandé à sa femme de faire de l'argent qu'elle gagnait?

8. Qu'a-t-il promis de payer lui-même ?
9. Pourquoi allait-il mettre de l'argent de côté ?
10. Où sa femme allait-elle mettre les 200 francs ? Pourquoi ?

II 1. Qu'est-ce que les riches amies de Madame la Roche achetaient souvent ?
2. Comment passaient-elles le temps ?
3. Comment Marianne la Roche a-t-elle probablement dépensé l'argent mis de côté pour les vacances ?
4. A quelle date les vacances devaient-elles commencer ?
5. Pourquoi Marianne avait-elle peur le 4 juillet ?
6. Est-ce que Marianne et Robert revenaient ensemble le soir chez eux ?
7. Qu'est-ce que Marianne avait l'habitude de faire le soir avant l'arrivée de son mari ?
8. Pourquoi Robert a-t-il été étonné ?
9. Qu'avait-on fait à la table ?
10. Et à la lampe ?
11. Et aux tiroirs ?
12. Quelle lampe avait été brisée ?

III 1. Est-ce que Marianne était dans le salon quand Robert y est entré ?
2. Etait-elle au lit ?
3. Qu'est-ce qu'elle lui a dit ? (*style indirect*)
4. Comment a-t-elle voulu prouver à son mari qu'elle avait été battue ?
5. Qu'est-ce que les cambrioleurs avaient pris, selon elle ?
6. Pourquoi un inspecteur est-il arrivé ?
7. Est-il arrivé seul ?
8. Quelle a été la réaction de Marianne à l'interrogation ?
9. Pourquoi n'a-t-elle pas remarqué si les cambrioleurs portaient des gants ?
10. Pourquoi l'inspecteur a-t-il recommencé l'interrogation ?
11. Pourquoi a-t-il emmené Marianne au commissariat ?
12. Qu'est-ce qui est arrivé après des heures ?

13. Pourquoi Marianne n'a-t-elle pas voulu avouer à son mari ce qu'elle avait fait?

14. Comment a-t-elle été punie, à votre avis?

IV Robert raconte plus tard à un ami ce qui est arrivé:
"Hier soir je suis rentré à la maison à . . . "

V *Faites l'accord:*

1. Est-ce qu'elle a mis de côté l'argent des vacances?
   — Non, elle l'a dépens–.

2. Est-ce que Marianne a caché les taches bleu– sur sa peau?
   — Non, elle les a montr– à son mari.

3. Les cambrioleurs ont tué Marianne?
   — Non, ils l'ont batt–.

4. Est-ce qu'ils ont brisé les tiroirs?
   — Non, ils les ont retir– et vid– sur le plancher.

5. Ils ont allumé la lampe?
   — Non, ils l'ont bris–.

6. Ils ont emporté la table?
   — Non, ils l'ont renvers–.

7. L'inspecteur a soupçonné la dame et l'a emmen– au poste de police.

8. Ses réponses n'étaient pas pareil–.

VI
Robert était	ingénieur.
Marianne était	secrétaire.
Napoléon était	empereur.
Louis XIV était	roi.
Marie-Antoinette était	reine.
Kennedy était	président.
Churchill était	premier ministre.
Schweitzer était	médecin.
Pasteur était	homme de science.

Question
Est-ce que Robert était médecin?
— Non, il était . . . (*etc.*)

VII *Modèle*

Les tiroirs avaient été retirés.
— On avait retiré les tiroirs.

1. Les tiroirs avaient été vidés. On . . .
2. La lampe avait été brisée. On . . .
3. La table avait été renversée. On . . .
4. Marianne a été interrogée. On . . .
5. L'argent avait été volé. On . . .
6. Marianne avait été battue. On . . .

VIII *Faites des phrases:*

[a]
Je paierai	la nourriture.
Tu paieras	les vêtements.
Il paiera	le chauffage.
Elle paiera	la voiture.
	l'appartement.
	l'addition.
	les vacances.

[b]
Il a	commencé	à interroger Marianne.
	continué	
	recommencé	

Il a fini par	la soupçonner.
	l'emmener au commissariat.

IX *Dictée*

"Tout était en désordre . . . brisée par terre."

X *Vocabulaire*

Le commissariat = le poste de police.

admettre	permettre	soumettre
une admission	la permission	la soumission

hésiter	interroger	nager
l'hésitation	l'interrogation	la natation

le soin (avoir soin de)	la coiffure		
soigner	un coiffeur		
soigneusement	une coiffeuse		

voler	cambrioler	vendre	travailler
un voleur	un cambrioleur	un vendeur	un travailleur
le vol	le cambriolage	la vente	le travail

soupçonner	répondre
un soupçon	une réponse

XI *Apprenez :*

Pour ne pas avoir l'air pauvre

Il n'y a plus d'argent.

Je ne me le rappelle pas.

Elle a dit que non: elle a dit que oui.

Elle n'a pas voulu avouer.

Peut-être que tu voudrais payer l'appartement ?

J'avais si peur.

Que s'est-il donc passé ?

XII *Rédaction*

En rentrant chez vous un soir, vous avez vu par la fenêtre des cambrioleurs dans le salon. Racontez ce que vous avez fait pour les faire arrêter et ce que vous avez découvert après leur départ. Servez-vous de ces questions:

1. Où êtes-vous allé(e) ce soir-là ?
2. A quelle heure êtes-vous rentré(e) et comment ?
3. Qu'est-ce que vous avez vu par la fenêtre ?
4. Où étaient les cambrioleurs ?
5. Que faisaient-ils au moment où vous les avez vus ?
6. Qu'est-ce que vous avez fait ?
7. Qui est arrivé ? Après combien de temps ?
8. Comment sont-ils entrés dans la maison ?
9. Qu'est-ce que les cambrioleurs ont fait en voyant les agents ?
10. Qu'est-ce que vous avez découvert après leur départ ?

Une interrogation

Comment vous appelez-vous, madame?

— Je m'appelle Marianne la Roche, monsieur.

A quelle heure êtes-vous rentrée ce soir?

— Je suis rentrée à six heures.

Est-ce que vous êtes rentrée plus tôt que d'habitude?

— Non, je rentre toujours à six heures.

Est-ce que la porte d'entrée était fermée à clef?

— Non, monsieur, elle était ouverte.

Vous n'avez pas eu peur?

— Non, monsieur, j'ai cru que mon mari était déjà rentré.

Qu'est-ce qui est arrivé quand vous êtes entrée dans le salon?

— Deux hommes se sont jetés sur moi et ils m'ont battue.

Est-ce que vous avez pu voir leurs figures?

— Non, monsieur, ils portaient chacun un masque.

Est-ce qu'ils portaient des gants?

— Je ne suis pas sûre. Oui, peut-être. C'est à dire, non. Je ne sais pas
    exactement.

Pourquoi n'avez-vous pas remarqué cela?

— J'avais si peur, monsieur.

Combien d'argent ont-ils pris?

— Mille francs, monsieur.

Où était cet argent?

— Il était dans le tiroir du bureau.

Est-ce que le tiroir était fermé à clef?

— Oui, monsieur.

Alors comment ont-ils pu l'ouvrir? Il n'y a aucune trace, même aucune
    empreinte digitale. Il faut m'accompagner au commissariat, madame,
    faire une déposition par écrit.

Leçon 2

Un accident

Bien chère maman,

. Je t'écris pour te donner les dernières nouvelles.

Hier soir il y a eu un accident épouvantable dans notre vieil immeuble. Il faisait un vent terrible, et tout à coup, à quatre heures précises, la grande cheminée est tombée en faisant un bruit de tonnerre. Moi, je lisais un roman policier, ma femme tricotait dans son fauteuil et ma fille cousait. Elles ont eu très peur. Mais la famille Gibert, qui demeure au-dessus de nous (au cinquième étage, qui est sous le toit), a dû se réfugier chez nous. Monsieur Gibert prenait un bain, après sa partie de tennis. Des briques sont tombées dans la baignoire, mais par miracle, il n'a été que très légèrement blessé. Sa femme jouait à la belotte avec ses deux fils dans le salon. Une partie du toit s'est effondrée, et maintenant on y voit le ciel. Madame Gibert a failli avoir une crise de nerfs et on a dû lui donner un verre de cognac. La concierge a pris l'ascenseur et est montée tout de suite. Elle a d'abord téléphoné à l'hôpital, et ensuite au propriétaire de notre immeuble, Monsieur Marivaud. Il dormait, paraît-il, quand il a reçu le coup de téléphone, et il a dû, lui aussi, prendre un verre avant de venir, il était tellement bouleversé. On a emmené Monsieur Gibert à l'hôpital, mais il a pu rentrer ce matin.

On va réparer le toit demain. La famille Gibert va passer cette nuit à l'Hôtel de Bretagne qui se trouve en face.

J'espère que tu es en bonne santé, maman. Nous espérons te revoir bientôt.

Nous t'aimons beaucoup,

Jean et Denise

I   1. Pourquoi Jean a-t-il écrit à sa mère?
    2. Où demeure-t-il?
    3. Dans quelle partie de la France se trouve Dinard?
    4. Est-ce que c'était un immeuble de construction récente?
    5. Qu'est-ce qu'on a cru entendre à quatre heures?
    6. Quand est-ce qu'on entend le tonnerre?
    7. Pourquoi la cheminée est-elle tombée?
    8. Que faisait Jean quand il a entendu le bruit?
    9. Que faisaient sa femme et sa fille?
   10. Quelle a été la réaction de sa fille?

II   1. Combien d'étages y a-t-il dans l'immeuble?
     2. Qui demeure sous le toit?
     3. Que faisait Monsieur Gibert quand l'accident a eu lieu?
     4. Que venait-il de faire, avant de prendre son bain?
     5. Pourquoi a-t-il été blessé?
     6. Que faisaient ses deux fils à ce moment-là?
     7. Qu'est-ce que c'est que la belotte? Un jeu d'échecs?
     8. Pourquoi pouvait-on voir le ciel du salon des Gibert?
     9. Quelle a été la réaction de Madame Gibert?
    10. Pourquoi lui a-t-on donné un verre de cognac?

III 1. Quel est le rôle d'une concierge?
     2. A quel étage la concierge demeure-t-elle d'habitude?
     3. La concierge est-elle montée par l'escalier?
     4. Pourquoi a-t-elle téléphoné à l'hôpital?
     5. Et à Monsieur Marivaud?
     6. Pourquoi Monsieur Marivaud a-t-il dû boire un cognac?
     7. Monsieur Gibert a-t-il dû rester longtemps à l'hôpital?
     8. Est-ce que la famille Gibert va passer encore une nuit chez Jean?
     9. Combien de temps vont-ils rester à l'Hôtel de Bretagne?
    10. Est-ce qu'on avait déjà réparé le toit?

IV *Vocabulaire*
   [a] la belotte   = un jeu de cartes français
        épouvantable = terrible

le tonnerre   pendant les orages (les tempêtes) il y a souvent
                des coups de tonnerre et des éclairs.

s'effondrer   = tomber

[b] Ma femme tricotait un pullover avec des aiguilles à *tricoter*.
    Ma fille cousait une robe avec une aiguille à *coudre*.

[c] Madame Gibert | a failli avoir une crise de nerfs.
                  | a dû se réfugier chez nous.
                  | a dû prendre un cognac.

Monsieur Gibert a pu rentrer à la maison.

[d] un vieil immeuble   un nouvel immeuble
    une vieille maison   une nouvelle maison

V *Dictée*

1. Il y a eu un accident terrible dans notre vieil immeuble.
2. La cheminée est tombée en faisant un bruit de tonnerre.
3. Ma femme tricotait dans son fauteuil et ma fille cousait.
4. Des briques sont tombées dans la baignoire.
5. Monsieur Gibert n'a été que légèrement blessé.
6. Une partie du toit s'est effondrée.
7. La concierge, qui demeure au rez-de-chaussée, est vite montée.
8. Le propriétaire était tellement bouleversé.
9. Je t'écris pour te donner les dernières nouvelles.

VI *Donnez le contraire de:*

1. avant de jouer au tennis (après . . .)
2. avant de se baigner
3. avant d'arriver à la gare
4. avant de prendre l'ascenseur
5. avant de téléphoner à la police
6. avant d'entrer chez les Gibert
7. avant de se réfugier chez nous
8. après avoir bu un verre de cognac (avant de . . .)
9. après s'être levé
10. après être rentré à la maison

VII *Rédaction*

Un accident à la maison: votre père est en train de décorer la salle de séjour. Monté sur une échelle, il essaie de peindre le plafond. En glissant, il tombe par terre, et se foule la cheville (*ankle*). Il ne peut pas se lever. Racontez cette histoire au passé, et expliquez ce que vous avez fait pour l'aider. (Vous êtes seul(e) avec lui à la maison.)

VIII Qu'est-ce que c'est qu' (Edimbourg*) et où se trouve-t-(il)?

* La Loire, Guernesey, le lac Léman, la Savoie, le Luxembourg, le Sacré-Cœur, le Louvre, les Vosges, le Taj Mahal, Marseille, la Comédie Française, la Porte de Brandenbourg, le Pas de Calais, la Sorbonne.

Conversation téléphonique

(*La concierge décroche le récepteur.*)

Concierge: Allô, allô! Monsieur Marivaud?

Monsieur Marivaud: Oui, oui. Qui est à l'appareil?

Concierge: C'est moi, Madame Dubreton, la concierge.

Monsieur Marivaud: Mais pourquoi me téléphonez-vous à cette heure-ci? Je dormais. Attendez jusqu'à demain.

Concierge: Ne coupez pas, monsieur. C'est urgent. Il y a eu un accident.

Monsieur Marivaud: Un accident? Où ça? Dans la rue? Mais il faut alerter la police.

Concierge: Mais non, monsieur, c'est chez nous, dans l'immeuble, au cinquième. Il y a un trou dans le toit.

Monsieur Marivaud: Un trou dans le bois? Je n'entends pas. Parlez plus fort.

Concierge: La grande cheminée s'est effondrée et maintenant il y a un immense trou dans le toit.

Monsieur Marivaud: Mon Dieu! Comment cela s'est-il passé?

Concierge: Il y a eu un coup de vent terrible, suivi d'un bruit de tonnerre. Monsieur Gibert prenait un bain et la baignoire a été remplie de briques. Il faut venir tout de suite.

Monsieur Marivaud: Oh, mon Dieu! Le temps de prendre un cognac et j'arrive.

Leçon 3

Mon premier lion

C'est le Padre, un vieux chapelain militaire, qui parle avec Aurelle, un jeune officier.

"Padre," a dit Aurelle, "j'ai toujours pensé que vous étiez un sportif, mais avez-vous réellement chassé la grosse bête?"

"Comment? réellement chassé? J'ai tué à peu près tout ce qu'un chasseur peut tuer, depuis l'éléphant et le rhinocéros jusqu'au tigre et au lion. Je ne vous ai jamais raconté l'histoire de mon premier lion?"

"Jamais, Padre, mais vous allez le faire . . . "

"J'étais à Johannesburg et désirais vivement faire partie d'un club de chasseurs où je comptais beaucoup d'amis. Mais il fallait d'abord tuer au moins un lion. Je suis donc parti avec un Africain chargé de plusieurs fusils et, le soir, me suis mis à l'affût avec lui, près d'une source dans laquelle un lion avait l'habitude de venir boire.

"Une demi-heure avant minuit, j'ai entendu un bruit de branches cassées, et au-dessus d'un buisson a apparu la tête du lion. Il nous avait sentis et regardait de notre côté. Je le mets en joue et je tire; la tête disparaît derrière le buisson mais, au bout d'une minute, remonte.

"Un second coup; même résultat. La bête, effrayée, se cache la tête puis la lève à nouveau. Je restais très calme: j'avais seize coups à tirer dans mes différents fusils.

"Troisième coup: même jeu. Quatrième coup: même jeu. Je m'énerve,

je tire plus mal, de sorte que, après le quinzième coup, l'animal redresse
encore la tête.

" 'Si tu manques celui-là,' m'a dit l'Africain, 'nous serons mangés.'

"Je respire profondément, je vise soigneusement, je tire. L'animal
tombe. . . une seconde. . . deux. . . dix. . . il ne reparaît pas. J'attends
encore un peu, puis, triomphant, je me précipite, suivi de mon Africain,
et devinez ce que je trouve derrière. . . "

"Le lion, Padre?"

"Seize lions! . . . et chacun d'eux avec une balle dans l'œil. C'est
ainsi que j'ai débuté."

(d'après) André Maurois, *Les Silences du colonel Bramble*,

Editions Bernard Grasset

I 1. Qu'est-ce que c'est qu'un Padre?
 2. Quels animaux a-t-il tués?
 3. Quelle histoire allait-il raconter à Aurelle?
 4. Où était-il à l'époque dont il parle?
 5. Où est Johannesburg?
 6. De quel club voulait-il faire partie?
 7. Pourquoi?
 8. Qu'est-ce que chaque candidat a dû faire avant d'être admis?
 9. Le Padre est-il parti seul à la chasse?
 10. Que portait l'Africain?

II 1. Que signifie: "se mettre à l'affût"?
 2. A quel moment de la journée se sont-ils mis à l'affût? Pourquoi?
 3. Pourquoi le Padre avait-il choisi cet endroit-là?
 4. Comment a-t-il su enfin qu'un animal s'approchait?
 5. Où le lion se tenait-il?
 6. Dans quelle direction regardait-il?
 7. Pourquoi?
 8. Qu'est-ce que le Padre a fait avant de tirer?
 9. Qu'est-ce qui est arrivé chaque fois qu'il a tiré?
 10. Quand le Padre a-t-il commencé à s'énerver? Pourquoi?

III 1. Comment le Padre a-t-il tiré après le quatrième coup?
 2. Qu'a dit l'Africain après le quinzième coup?

3. Qu'a fait le Padre avant de tirer pour la seizième fois ?
4. Combien de coups a-t-il tirés en tout ?
5. Qu'a-t-il fait après avoir tiré son dernier coup ?
6. Qu'a-t-il trouvé derrière le buisson ?
7. Qu'a-t-il remarqué en examinant les animaux ?
8. Cette histoire est-elle vraie ou fausse ?
9. Comment s'appelle l'auteur de cette histoire ?
10. Comment s'appelle un auteur de romans ?

IV *Vocabulaire*

[a] un padre   un autre mot pour "chapelain"
un chapelain = un pasteur ou un prêtre des soldats (presque le même mot qu'en anglais)
à nouveau = de nouveau = encore une fois
à peu près = presque
se mettre à = se cacher derrière un buisson en attendant
    l'affût   l'arrivée des animaux
viser = mettre en joue (*aim at*)

[b] donner un coup de | fusil
pied
poing
coude

[c] chasser
un chasseur
la chasse

[d] Faites une liste de sept animaux sauvages et de sept animaux domestiques.

[e] Les Peaux-Rouges ont la peau rouge.
De quelle couleur est la peau d'un Africain, d'un Européen, d'un Chinois, d'un Arabe ?

V [a] Le padre a dit:
1. "J'ai respiré profondément."
2. "J'ai visé soigneusement."

3. "J'ai tiré."
4. "L'animal est tombé."
5. "Je me suis précipité."
6. "J'ai trouvé seize lions."

[b] *Apprenez (style indirect):*
Il a dit | qu'il avait respiré profondément.
         | qu'il avait visé soigneusement.
         | qu'il avait tiré.
         | que l'animal était tombé.
         | qu'il s'était précipité.
         | qu'il avait trouvé seize lions.

VI *Faites l'accord:*
1. Il avait tu– à peu près tous les animaux qu'il avait chass–.
2. J'ai entendu le bruit des branches que le lion avait cass–.
3. Tous les fusils étaient charg–.
4. L'eau que le lion a b– venait d'une source.
5. La source qu'il avait trouv– était au milieu de la forêt.
6. Les bêtes qu'il avait tu– étaient des lions.
7. Le Padre et l'Africain se sont précipit– vers le buisson.
8. Il nous avait sent– et regardait de notre côté.

VII *Apprenez:*
Le lion boit de l'eau *dans* une source ou *dans* un ruisseau.
On boit du thé *dans* une tasse.
On boit du vin *dans* un verre.
On prend des livres *dans* un pupitre.
On prend un mouchoir *dans* sa poche.
On mange du potage *dans* une assiette.
On prend des cahiers *sur* une table.
On prend des livres *sur* un rayon.

Posez des questions:
Dans quoi est-ce qu'on boit (du café), (de la limonade), etc?
Dans quoi est-ce qu'on prend (des livres), etc?
Sur quoi est-ce qu'on prend (des cahiers), etc?

VIII [a] *Faites des phrases:*

Il désirait	chasser des lions.
Il voulait	tuer des bêtes sauvages.
Il avait envie de	faire partie d'un club de chasseurs.

Nous désirions
Nous voulions
Nous avions
    envie de

[b] Qu'est-ce que vous avez envie de faire samedi prochain?

IX [a] *Etudiez ces phrases:*
1. L'arbre sous lequel le chasseur se tenait
2. La source dans laquelle le lion a bu
3. La forêt à côté de laquelle je demeurais
4. Les fusils avec lesquels j'ai tué seize lions
5. Les branches derrière lesquelles les lions se cachaient

[b] *Modèles*

Qu'est-ce que c'est qu'un brancard?
— C'est une chose sur laquelle on porte les malades.
Qu'est-ce que c'est qu'une hache?
— C'est un outil avec lequel on coupe les arbres.

Qu'est-ce que c'est qu'
1. une ambulance? (une voiture dans . . .)
2. une table? (un meuble sur . . .)
3. un couteau?
4. un hôpital? (un bâtiment . . .)
5. une échelle?
6. un aspirateur? (un appareil . . .)
7. un placard?
8. une charrette? (une voiture . . .)
9. une bibliothèque?

X *Rédaction*
Un chasseur maladroit.

Leçon 4

Les deux clochards

Il était une fois à Paris deux clochards qui s'appelaient Jean-Paul et Martin. Jean-Paul avait trente-cinq ans et Martin quarante-deux. Ils étaient tous les deux très paresseux. Jean-Paul avait été employé des chemins de fer mais il ne travaillait plus depuis quinze ans. Martin avait été garçon de ferme: lui, il ne travaillait plus depuis l'âge de vingt-deux ans. Ils gagnaient un peu d'argent de temps en temps par des méthodes douteuses. Ils dormaient dans des maisons en construction et mendiaient toute la journée, mais quelquefois ils étaient obligés de travailler un peu pour avoir quelque chose à boire et à manger. Un jour les deux amis étaient assis sur un banc dans un parc et regardaient passer les dames élégantes avec leurs petits chiens, qu'elles tenaient en laisse. Tout à coup, Martin s'est écrié:

"J'ai une bonne idée!"

"Laquelle?" a demandé Jean-Paul.

"Si l'on rendait les chiens perdus à leurs maîtresses reconnaissantes?"

"Mais tu es fou," a dit Jean-Paul. "Comment peut-on trouver des chiens perdus? Je n'en ai jamais vu. Ils sont toujours en laisse."

"Ecoute, mon vieux," a dit Martin. "Je vais t'expliquer comment ça peut se faire. Toi, tu achèteras une paire de ciseaux. Tu suivras une femme qui tient un chien en laisse, et tu couperas la laisse. Compris?"

"Oui, et alors?"

"Le petit chien se sauvera. Moi, je l'attraperai et partirai en vitesse. Plus tard, je regarderai l'adresse inscrite sur le collier et je rapporterai le

chien à sa maîtresse, qui me donnera naturellement une récompense. Rien de plus facile!"

Le plan a réussi admirablement. Chaque matin ils ont pu voler un chien à sa maîtresse, et chaque après-midi Martin est allé chez la dame recevoir la récompense. Pas une des dames n'a eu le moindre soupçon: elles ont toujours été très reconnaissantes. Un jour cependant Martin est arrivé devant une maison dans le quartier élégant de Passy, et a sonné. Quand on a ouvert la porte deux femmes ont apparu, et l'une d'elles l'a reconnu. Il lui avait rendu son chien une semaine auparavant. Elle n'a rien dit, et comme elle se tenait derrière l'autre, il ne l'a pas bien remarquée. Après son départ elle a dit à son amie:

"Il faut alerter tout de suite la police. Je comprends maintenant pourquoi tant de chiens ont disparu récemment et ont été retrouvés par un clochard. C'est toujours le même homme."

Quelques jours plus tard, les deux clochards ont été arrêtés et condamnés à un an de prison.

I   1. Donnez un autre mot pour *clochard*.
2. Comment s'appelaient les deux clochards?
3. Est-ce qu'ils aimaient beaucoup le travail?
4. Quel travail Jean-Paul a-t-il fait dans sa jeunesse?
5. Et Martin?
6. Nommez deux choses que fait un employé des chemins de fer …
7. … et un garçon de ferme.
8. Jean-Paul était-il toujours employé des chemins de fer?
9. Et Martin, était-il toujours garçon de ferme?
10. Depuis combien de temps apprenez-vous le français?
11. Et le calcul?
12. Et l'anglais?
13. Depuis combien de temps fréquentez-vous votre école?

II 1. Que faisaient les deux clochards pendant la nuit?
2. Que faisaient-ils généralement pendant la journée?
3. Pourquoi devaient-ils travailler un peu de temps en temps?
4. Où étaient-ils un jour?
5. Est-ce que les dames qui passaient étaient mal habillées?
6. Est-ce qu'elles portaient leur chien sous le bras?
7. Qu'est-ce que Martin a décidé de voler?
8. Qu'avait-il l'intention de faire après le vol?
9. Est-ce que Jean-Paul avait vu beaucoup de chiens perdus?
10. Pourquoi n'en avait-il pas vu?

(Martin a expliqué à Jean-Paul ce qu'il devra faire.)

III 1. Qu'est-ce que Jean-Paul devra acheter?
2. Que devra-t-il couper avec les ciseaux?
3. Que fera le petit chien quand on aura coupé la laisse?
4. Qui l'attrapera?
5. Est-ce que Martin restera dans le parc après avoir attrapé le chien?
6. Comment découvrira-t-il l'adresse de la maîtresse du chien?
7. Pourquoi rapportera-t-il le chien à sa maîtresse?
8. Qu'est-ce que les deux clochards ont pu faire chaque matin?
9. Est-ce que les maîtresses des chiens ont eu des soupçons?
10. Quelle a été leur réaction en revoyant leur petit chien?

IV 1. Où Martin est-il allé un jour?
2. Qu'a-t-il fait en arrivant devant la porte?
3. Pourquoi l'une des deux dames a-t-elle reconnu Martin?
4. Qu'est-ce qu'elle lui a dit?
5. Martin a-t-il reconnu cette dame?
6. Qu'avait-elle tout de suite compris en voyant le clochard?
7. Qu'a-t-elle conseillé à son amie de faire?
8. Est-ce que les clochards ont pu continuer à voler des chiens? Pourquoi pas?
9. Pourquoi ont-ils été arrêtés?
10. Combien de temps ont-ils dû rester en prison?

V La dame a alerté la police. Développez la conversation qu'elle a eue avec le commissaire.

VI *Rédaction*

Dans la prison Martin a rencontré un vieux copain et lui a expliqué pourquoi il avait été condamné à un an de prison: "Un jour j'ai eu l'idée de . . . J'ai demandé à Jean-Paul de . . . ", etc.

VII *Apprenez:*

[a] Il ne travaillait plus | depuis quinze ans.
| depuis l'âge de vingt-deux ans.

[b] Je n'en ai jamais vu.
Pas une des dames n'a eu le moindre soupçon.
Elle n'a rien dit.
Il ne l'a pas bien remarquée.

[c] Comment ça se fait ?
Quoi de plus facile!
Quelle bonne idée!

VIII [a] *Faites des phrases:*

Ils ont pu	acheter des ciseaux.
Nous avons pu	couper la laisse.
Ils ont réussi à	attraper le chien.
Nous avons réussi à	voler le chien.
	rendre le chien à sa maîtresse.

[b] *Faites des phrases:*

Donnez-moi	quelque chose	à boire.
Je voudrais		à manger.
Je n'ai rien		à lire.
		à faire.

[c] Qu'est-ce que Martin a dit à Jean-Paul de faire ?
Il lui a dit | d'acheter des ciseaux.
| de couper la laisse.

[d] La dame a conseillé à son amie | de téléphoner à la police.
| de faire arrêter les clochards.
Qu'est-ce qu'elle lui a conseillé de faire ?

IX *Modèles*

Le clochard a coupé la laisse.
— La laisse a été coupée par un clochard.
On a arrêté les clochards.
— Les clochards ont été arrêtés.

1. Le clochard a volé le chien.
2. Jean-Paul a acheté des ciseaux.
3. La dame a récompensé Martin.
4. On a ouvert la porte.
5. La deuxième femme a reconnu les clochards.
6. On les a condamnés à un an de prison.

X *Faites l'accord:*

1. Ils ont acheté des ciseaux.
   Voici les ciseaux qu'ils ont achet–.
2. Martin a eu une bonne idée.
   Quelle idée a-t-il eu–?
   Celle de rendre les chiens perd– à leurs maîtresses reconnaissant–.
3. Il a coupé la laisse.
   Voici la laisse qu'il a coup–.
4. Ils ont trouvé les chiens dans le parc.
   Voici les chiens qu'ils ont trouv–.
5. Il a regardé les dames.
   Quelles dames a-t-il regard–?
   — Les dames élégant–.
6. Ils ont reçu une récompense.
   Quelle récompense ont-ils reç–?
   — Dix francs le chien.
7. Les deux clochards étaient paress–.
8. Les deux dames étaient paress–.
9. Cet homme est fou.   Cette femme est . . .
10. Est-ce que Martin a reconnu la deuxième femme?
    Non, il ne l'a pas bien remarqu–.

XI *Rédaction*

Vous passez une quinzaine de jours chez votre correspondant(e)
français(e). Où? Vous êtes là depuis une semaine. Ecrivez une lettre
à votre mère dans laquelle vous lui décrivez tout ce que vous avez fait
pendant la semaine — jour par jour.

Leçon 5

Le mariage du capitaine Peisson (1)

Le capitaine Armand Peisson était un bel homme d'environ quarante-cinq ans. Il avait quitté l'armée quelques années auparavant. Il n'avait pas beaucoup d'argent et il voulait épouser une femme riche, une veuve peut-être. Il fréquentait les hôtels de Biarritz car il espérait y trouver celle qu'il cherchait.

Il s'était donc installé à l'Hôtel du Palais, qui donnait sur la plage et où des femmes riches et élégantes venaient souvent passer leurs vacances.

Un soir il était assis dans le restaurant en train de prendre son dessert quand une dame qui était très belle et bien habillée entra dans la salle et se dirigea vers la table à côté. Elle était sur le point de s'asseoir quand sa chaise glissa et elle allait tomber quand le capitaine la rattrapa et l'aida à s'asseoir.

"Vous êtes bien aimable, monsieur," dit la femme d'une voix très douce. "Je vous remercie infiniment."

"Je vous en prie, madame," répondit le capitaine. "Permettez-moi de me présenter: Capitaine Peisson, retraité." Il s'inclina légèrement.

"Et moi, je suis Madame Richard," répondit-elle, en souriant gracieusement. Une demi-heure plus tard elle entra dans le salon. En la voyant le capitaine se leva poliment et elle s'assit près de lui.

"C'est votre première visite à Biarritz, monsieur?" demanda-t-elle.

"Mais, non, madame, j'habite ici à l'hôtel. Je n'aime pas beaucoup les hôtels, mais quand on est seul. . . Et vous, madame, vous venez de loin?"

"Je viens de Bayonne. J'habite une maison à la campagne, à cinq kilomètres de la ville. Mon mari est mort et je viens passer deux semaines à Biarritz, que je connais très bien. Les domestiques sont aussi en congé — le cuisinier est parti à Nice; j'espère qu'il reviendra, car c'est un véritable expert. Le chauffeur est allé chez sa tante à Toulon. Il n'y a que le jardinier qui reste à la maison."

Elle continua longtemps à bavarder, mais le capitaine ne l'écoutait pas tout le temps. Il se disait: "Cuisinier, chauffeur, jardinier — voilà la femme qu'il me faut." Et il se voyait déjà bien installé à Bayonne.

(à suivre)

I 1. Quel âge avait le capitaine?
   2. Etait-il laid?
   3. Etait-il encore militaire?
   4. Pourquoi fréquentait-il les hôtels de Biarritz?
   5. Qu'est-ce que c'est qu'une veuve?
   6. Comment appelle-t-on celui qui a perdu sa femme?
   7. L'Hôtel du Palais était-il loin de la mer?
   8. Est-ce que c'était un petit hôtel?
   9. Comment étaient les femmes qui fréquentaient cet hôtel?
   10. Qui le capitaine a-t-il vu entrer dans le restaurant un soir?
   11. Quel repas prenait-il?

II 1. Est-ce que le capitaine Peisson venait de commencer son repas quand la dame est entrée?
    2. Pourquoi l'a-t-il remarquée?
    3. Est-elle allée à l'autre bout du restaurant?
    4. S'était-elle déjà assise quand sa chaise a glissé?
    5. Pourquoi n'est-elle pas tombée?
    6. Qu'est-ce qu'il l'a aidée à faire?

I.F. 4—2

7. Comment était la voix de Madame Richard ?
8. Comment a-t-elle appris le nom du capitaine ?
9. Que signifie "être en retraite" ?
10. Pourquoi n'êtes-vous pas en retraite ?
11. A quel âge est-ce qu'on prend sa retraite ?
12. Qu'a fait la dame en se présentant au capitaine ?

III
1. Quand le capitaine a-t-il revu Madame Richard ?
2. Est-il resté assis en la voyant ?
3. Pourquoi s'est-il levé ?
4. Qu'est-ce que Madame Richard lui a demandé ? (*style indirect*)
5. Pourquoi habitait-il à l'hôtel ?
6. Qu'a-t-il demandé à Madame Richard ? (*style indirect*)
7. D'où venait-elle ?
8. Sa maison était-elle au centre de Bayonne ?
9. Pourquoi était-elle venue seule à l'hôtel ?
10. Est-ce que c'était sa première visite à Biarritz ?

IV
1. Pourquoi et pour combien de temps Madame Richard était-elle venue à Biarritz ?
2. Combien de domestiques avait-elle ? Lesquels ?
3. Qu'est-ce que c'est qu'un cuisinier ?
4. Et un jardinier ?
5. Avait-elle laissé tous les domestiques à la maison ?
6. Le cuisinier et le chauffeur étaient-ils partis ? Où ?
7. Le capitaine écoutait-il attentivement pendant qu'elle bavardait ?
8. Qu'avait-il déjà décidé de faire ?
9. Pourquoi ?
10. Avait-il l'intention de rester toujours à l'hôtel à Biarritz ?
11. Cherchez des renseignements sur Biarritz.

V *Apprenez :*
[a] Formules de politesse :
Vous êtes bien aimable.
Je vous en prie.
Je vous remercie infiniment.
Permettez-moi de me présenter.

[b] poli:poliment
infini:infiniment
léger:légèrement
gracieux:gracieusement
élégant:élégamment

[c] Il espérait | gagner de l'argent.
épouser une femme riche.
rencontrer une veuve belle et intelligente.
faire la connaissance de Madame Richard.

[d] Il | continua à | manger.
Elle | | bavarder.
| | rêver.

[e] d'une voix douce

VI *Dictée*

1. Plusieurs femmes riches sont venues à l'Hôtel du Palais.
2. Madame Richard s'est donc installée à cet hôtel.
3. Elle est entrée dans la salle à manger.
4. Elle a glissé mais le capitaine l'a rattrapée et l'a aidée à s'asseoir.
5. Elle s'est assise près du capitaine.
6. Elle lui a dit que les domestiques étaient partis en voyage.
7. La dame que le capitaine avait rencontrée était belle, élégante et intelligente.
8. Il était très heureux et se voyait déjà bien établi chez elle.

Revision

VII un bel homme   un vieil homme   un nouvel enfant
un bel arbre   un vieil ami   un nouvel ami
un beau monsieur   un vieux monsieur   un nouveau client
une belle dame   une vieille dame   une nouvelle voiture

VIII *Rédaction*

Un séjour à l'hôtel: dans quelle ville? Quel hôtel? Quand y êtes-vous descendu(e)? Comment y êtes-vous arrivé(e)? En voiture? A quelle heure y êtes-vous arrivé(e)? A qui avez-vous parlé en y entrant? Est-ce que vous avez réservé des chambres? Pour combien de personnes? Avec bain? A deux lits? Quelle chambre? Donnant sur la rue ou sur le jardin? A quel étage? Faites une conversation avec la propriétaire. Comment êtes-vous monté(es) à votre chambre? Par l'escalier? Qui a fait monter les bagages? Qu'est-ce que vous lui avez donné? A quelle heure avez-vous dîné? Qu'est-ce que vous avez mangé? etc.

IX *Ecrivez le passé historique de:*
s'asseoir, entrer, dire.

X Le capitaine Peisson raconte à un vieil ami ce qui lui est arrivé la veille au soir.

XI *Ecrivez dans le discours indirect:*
Elle a dit que (qu')
1. "Je suis Madame Richard."
2. "Je vous remercie infiniment."
3. "Je viens de Bayonne."
4. "J'habite dans une maison à la campagne."
5. "Mon mari est mort."
6. "Je connais très bien Biarritz."
7. "Le chauffeur est allé chez sa tante."
8. "Il n'y a que le jardinier qui reste."

Conversation

(*Madame Richard parle avec le capitaine Peisson.*)

Madame Richard: Alors vous connaissez mon vieil ami, Monsieur Lambert? Quand l'avez-vous vu pour la dernière fois?

Capitaine Peisson: Il y a trois mois. Il m'a dit qu'il venait de se remarier.

Madame Richard: Vraiment? Est-ce qu'il habitait toujours dans la même maison à Wimereux?

Capitaine Peisson: Non, il venait de changer de maison. Il avait acheté une belle maison à la campagne. Il venait de déménager la veille.

Madame Richard: Mais je croyais qu'il aimait surtout la mer?

Capitaine Peisson: Oui, c'est vrai, mais sa deuxième femme préfère la campagne.

Madame Richard: Il paraissait en bonne santé?

Capitaine Peisson: Oui, il venait de passer sa lune de miel à Cannes, et il avait profité du beau temps pour prendre des bains de soleil.

Madame Richard: Il avait l'air heureux?

Capitaine Peisson: Mais oui, naturellement, il n'aime pas vivre seul.

Revision

XII *Le mariage*
1. Avez-vous jamais assisté à un mariage?
2. Qui se mariait? Avec qui?
3. Où est-ce qu'ils se sont mariés?
4. Combien de personnes y avait-il à la réception?
5. Qui a coupé le gâteau? L'époux ou l'épouse? Avec quoi?
6. Qu'est-ce que vous avez bu?
7. Qu'est-ce que vous avez mangé?
8. Est-ce que vous vous rappelez quelques-uns des cadeaux?
9. Qu'est-ce que vous leur avez donné comme cadeau?
10. A quelle heure êtes-vous rentré(e)?

Leçon 6

Le mariage du capitaine Peisson (2)

Pendant les jours suivants le capitaine et Madame Richard se rencontrèrent souvent — le capitaine louait une belle voiture et conduisait la dame à la campagne où ils faisaient des pique-niques agréables. Le soir il l'emmenait au concert ou au théâtre. Elle savait jouer du piano, et elle lui jouait des morceaux de Ravel et de Debussy dans la salle des concerts de l'hôtel. Un soir elle lui montra une photo de la maison où elle habitait à Bayonne, en lui disant qu'elle était trop grande pour elle. Elle ressemblait à un petit château du dix-huitième siècle, et les jardins étaient magnifiques.

C'est au cours d'une de ces promenades à la campagne qu'elle lui dit qu'elle était veuve depuis cinq ans.

"Mon mari est mort dans un accident d'auto," expliqua-t-elle. "Nous revenions de Cannes sous la pluie quand nous avons dérapé sur la route glissante, et nous avons heurté un arbre. Moi, je n'ai été que très légèrement blessée mais lui, il est mort avant d'arriver à l'hôpital. Depuis ce temps-là je suis malheureuse, car je n'aime pas vivre seule."

Ce soir-là il lui demanda de l'épouser et elle accepta tout de suite. Ils se marièrent le plus tôt possible à la mairie. Le capitaine avait juste assez d'argent pour payer la lune de miel qu'ils passèrent à Saint-Sébastien, en Espagne. Il était très heureux car sa femme était belle, intelligente, possédait une maison magnifique et était évidemment très riche.

(à suivre)

I   1. Est-ce que le capitaine Peisson et Madame Richard se voyaient souvent ou rarement après ce soir-là ?

    2. Est-ce qu'il la conduisait à la campagne dans sa propre voiture ?

3. Que faisaient-ils à la campagne ?
4. Et vous, quand avez-vous fait un pique-nique pour la dernière fois ? Où ? Avec qui ?
5. Que faisaient le capitaine Peisson et Madame Richard le soir ?
6. Et vous, quand avez-vous été au concert pour la dernière fois ?
7. Quelle musique a-t-on jouée ?
8. Quand avez-vous été au théâtre ?
9. Quelle pièce a-t-on présentée ?
10. Madame Richard a-t-elle joué de la musique de jazz à l'hôtel ?
11. De quel instrument savez-vous jouer ?
12. Quel genre de musique préférez-vous ?

II
1. Qu'est-ce que Madame Richard a montré un soir au capitaine ?
2. Quelle a été son impression sur la maison ?
3. Depuis combien de temps Madame Richard était-elle veuve ?
4. Qu'est-ce que c'est qu'une veuve ?
5. Depuis combien de temps apprenez-vous l'histoire ?
6. Et l'anglais ?
7. Est-ce que Monsieur Richard a été tué en avion ?
8. Quel temps faisait-il le soir où les Richard revenaient de Cannes ?
9. Pourquoi les Richard ont-ils dérapé ?
10. Est-ce qu'ils ont plongé dans la mer ?

III
1. Madame Richard a-t-elle été grièvement blessée ?
2. Son mari a-t-il vécu longtemps après l'accident ?
3. Pourquoi Madame Richard était-elle malheureuse ?
4. Quelle question le capitaine Peisson lui a-t-il posée ce soir-là ?
5. Quelle a été la réponse de Madame Richard ?
6. Ont-ils attendu longtemps avant de se marier ?
7. Se sont-ils mariés à l'église ?
8. Le capitaine a-t-il dû emprunter de l'argent pour payer la lune de miel ?
9. Ont-ils passé la lune de miel en France ?
10. Pourquoi le capitaine croyait-il que sa femme était riche ?

IV (*Ecrivez les dates en toutes lettres.*)
1. Nommez deux personnes qui ont vécu au dix-huitième siècle.
2. Est-ce que la reine Victoria a vécu au dix-huitième siècle?
3. En quelle année est-elle morte? (1901)
4. Combien de temps a-t-elle vécu? (1819–1901)
5. En quelle année le roi Edouard VII est-il mort? (1910)
6. Combien de temps a-t-il vécu? (1841-1910)
7. Combien de temps a-t-il régné?
8. Est-ce que la reine Elisabeth règne depuis trente ans? (1953–   )
9. En quel siècle sommes-nous maintenant?
10. En quelle année êtes-vous né(e)?

V Madame Richard raconte à une amie comment elle a passé le temps avec le capitaine Peisson, et lui parle de leur mariage. (Elle donne des détails sur les pique-niques, les soirées à l'hôtel, et le jour du mariage: "Nous allions souvent à . . . ")

VI *Vocabulaire*

un époux	le mariage	le mari
une épouse	se marier avec	la femme
épouser		

VII *Modèle*
Est-ce qu'il a demandé à Madame Richard de s'asseoir dans la salle à manger?
— Non, il lui a demandé de s'asseoir au salon.

Il lui a demandé	de faire une promenade à la campagne.
	de s'asseoir au salon.
	de l'accompagner au concert.
	d'aller au théâtre.
	de l'épouser.
	de jouer du piano.
	de lui montrer une photo de sa maison.
	de passer la lune de miel à Saint-Sébastien.
	de lui parler de son premier mari.

VIII *Apprenez:*

[a] Elle était veuve depuis cinq ans.
   La maison ressemblait à un petit château du dix-huitième
      siècle.
   Le plus tôt possible
   Sous la pluie
   Depuis ce temps-là
   Le capitaine épousa Madame Richard.
   Le capitaine et Madame Richard se marièrent à la mairie.

[b] Il avait assez d'argent pour payer la lune de miel.
   Il avait assez de courage pour demander à Madame Richard
   de l'épouser.

[c] seul   seulement
    léger   légèrement
    évident   évidemment
    (mal)heureux   (mal)heureusement
    courageux   courageusement

IX *Faites l'accord:*

beau: 1. Le chien de Madame Richard était un b—— animal.
      2. Le capitaine Peisson était un b—— homme.
      3. Les promenades étaient très b——.
      4. Les jardins du château étaient b——.
vieux: 5. Madame Richard n'était pas v——.
      6. Devant la maison il y avait un v—— arbre.
      7. Il y avait beaucoup de v—— dames à l'hôtel.
      8. Le château était v——.

X *Rédaction*

Un accident d'auto: Monsieur Marsac faisait une promenade en
voiture. Quand? Il y a longtemps? Avec qui? Où? A quelle époque
de l'année? Route glissante. Pourquoi? A quelle vitesse allait-il?
Pourquoi allait-il si vite? Un tournant. Une charrette (chargée de
quoi?) Qu'est-ce que Monsieur Marsac a essayé de faire? Il a
dérapé. Qu'est-ce qui s'est passé? L'ambulance. L'hôpital. Où
avait-il mal? etc.

XI *Ecrivez le passé historique de:*
rencontrer, se marier, savoir.

Un pique-nique

(*Il s'agit de la famille Dubois, le père, la mère, le fils André, la fille Jacqueline, la nièce Antoinette, le neveu Richard.*)

Madame Dubois: Ah! Voilà un bel endroit pour notre pique-nique. Il y a de l'ombre sous cet arbre et on a une vue splendide sur la mer.

Monsieur Dubois: D'accord. On s'arrête ici.

André: Dépêchons-nous de manger, maman. J'ai très faim.

Jacqueline: Moi aussi. Je n'ai pas pris de petit déjeuner.

Madame Dubois: Alors au travail. Georges, allume le réchaud. Tu as apporté l'alcool à brûler?

Monsieur Dubois: Mais oui, bien sûr.

Madame Dubois: André, apporte le panier. Jacqueline, étends la nappe sur l'herbe et mets le couvert. Antoinette, sors les verres et verse le vin. Richard, coupe le pain.

Monsieur Dubois: Nous avons oublié les allumettes.

André: Non, les voilà dans le panier.

Monsieur Dubois: Voici la bouilloire. André, remplis-la et mets-la sur le réchaud. Nous aurons vite du café.

André: Qu'est-ce qu'il y a à manger, maman?

Madame Dubois: J'ai apporté des sandwichs au jambon, du fromage, du pain et de la confiture.

Antoinette: Il n'y a pas de gâteaux?

Madame Dubois: Ah, si. Je les ai oubliés. Tu les trouveras dans une boîte dans le coffre.

XII [a] Qu'est-ce que Madame Dubois a dit à

1. Monsieur Dubois | de faire?
2. André
3. Jacqueline
4. Antoinette
5. Richard
6. Qu'est-ce que Monsieur Dubois a dit à André de faire?

[b] Quel est le lien de parenté entre:
1. André et Madame Dubois ?
2. Jacqueline et Antoinette ?
3. Monsieur Dubois et Antoinette ?
4. Madame Dubois et Antoinette ?
5. Richard et Madame Dubois ?
6. Antoinette et Monsieur Dubois ?

Leçon 7

Le mariage du capitaine Peisson (3)

A la fin de la lune de miel le capitaine Peisson et sa femme arrivèrent à la villa, dont il avait vu la photo. La maison était encore plus belle en réalité.

"Assieds-toi dans le salon," dit sa femme, "pendant que je m'occupe du ménage un moment."

Il s'assit confortablement dans un grand fauteuil et regarda tout autour de la pièce. Il y avait de beaux tableaux aux murs — il en reconnut un dont sa femme lui avait déjà parlé: un Cézanne. Les meubles étaient vieux, de grande valeur, et le tapis de Perse était épais et doux. Le cœur plein de joie, le capitaine se leva, se dirigea vers le buffet et se versa un verre de cognac, qu'il but lentement. Puis il sortit faire le tour des jardins et arriva dans un immense verger où il y avait toutes sortes d'arbres fruitiers.

"Je voudrais avoir une piscine," se dit-il. "Je la ferai construire derrière la maison à la place de cette pelouse."

De retour à la villa il chercha sa femme. Il n'y avait personne ni dans le salon ni dans la salle à manger. Enfin il entendit un bruit de voix dans la cuisine. Il y entra et fut surpris de voir sa femme habillée d'un tablier en train de préparer un repas.

"Que fais-tu là?" demanda-t-il. "Pourquoi travailles-tu dans la cuisine?"

"Le cuisinier n'est pas revenu," répondit-elle.

"Mais nous pourrons manger des sandwichs ce soir," dit-il. "Le cuisinier reviendra demain."

"Il n'est pas question de sandwichs," répondit-elle, "Monsieur et Madame Mercier vont revenir ce soir, et il faudra leur donner un bon repas."

"Qui est-ce, ce Monsieur Mercier?"

44

"C'est le propriétaire de cette maison."

"Alors cette villa n'est pas à toi?" balbutia-t-il.

"Non, je ne suis que la gouvernante. Je n'ai jamais dit que la villa était à moi, j'ai dit que j'y habitais. Ote ton veston, mets un tablier et aide-moi vite à préparer le dîner. Je te donne une tâche facile. Epluche ces pommes de terre."

I 1. Quand est-ce qu'on passe sa lune de miel?
   2. Les Peisson sont-ils allés à la villa avant leur mariage?
   3. Le capitaine Peisson avait-il déjà vu cette maison?
   4. Comparez la photo et la maison elle-même.
   5. Qu'est-ce que sa femme lui a dit de faire?
   6. De quoi allait-elle s'occuper?
   7. Nommez trois choses qu'on fait quand on fait le ménage.
   8. Qu'a fait le capitaine Peisson après s'être assis?
   9. Combien de tableaux a-t-il reconnus?
  10. Cézanne est-il encore vivant?
  11. Est-ce que c'était un peintre anglais?

II 1. Nommez un autre peintre qui est mort. De quelle nationalité était-il?
    2. Les meubles qui étaient dans le salon, étaient-ils modernes?
    3. Comment était le tapis?
    4. Pourquoi le capitaine était-il heureux?
    5. Pourquoi est-il allé au buffet?
    6. Est-ce qu'il a vite avalé le cognac?
    7. Qu'a-t-il fait ensuite?
    8. Qu'est-ce que c'est qu'un verger?
    9. Nommez trois arbres fruitiers.
   10. Qu'est-ce que le capitaine a décidé de faire construire dans le jardin? Pourquoi?

III 1. Le capitaine a-t-il cherché sa femme dans le jardin?
2. Combien de gens y avait-il dans le salon quand il est rentré?
3. Pourquoi est-il entré dans la cuisine?
4. Que portait sa femme?
5. Pourquoi est-ce qu'on porte un tablier?
6. Que faisait sa femme dans la cuisine?
7. Pourquoi était-il surpris?
8. Qu'a-t-il demandé à sa femme?
9. Pourquoi travaillait-elle?
10. Qu'est-ce que c'est qu'un cuisinier?

IV 1. Quand le cuisinier allait-il revenir?
2. Pourquoi Madame Peisson devait-elle préparer un bon repas?
3. Etait-elle la vraie propriétaire de la villa?
4. Comment s'appelait le vrai propriétaire?
5. Madame Peisson avait-elle menti à son mari?
6. Qu'est-ce qu'elle lui a dit d'ôter?
7. Et de mettre?
8. Que devait-il aider sa femme à faire?
9. Quelle était la tâche facile qu'elle lui a proposée?
10. Quelle a été la réaction du capitaine, pensez-vous?

V Le capitaine Peisson explique à son vieil ami comment il a été déçu.

VI Il a aidé

la belle dame à	s'asseoir.
	descendre de la voiture.
sa femme à	faire le ménage.
	faire la cuisine.
	préparer le dîner.
	éplucher les pommes de terre.

Qu'est-ce qu'il a aidé (la belle dame) à faire? etc.

VII *Faites des phrases:*
[a] Elle était

habillée	d'un tablier blanc.
vêtue	d'une belle robe rouge.
	d'un manteau noir.
	d'un uniforme bleu, etc.

Est-ce qu'elle était habillée d'un tablier gris? etc.

[b]

Je ferai	construire	la piscine.
Il fera	réparer	la maison.
Nous ferons		le garage.
		l'immeuble.

[c] Je m'occupe du ménage.
Je suis gouvernante.
Le jardinier s'occupe du jardin.
Le cuisinier s'occupe de la cuisine.
Le chauffeur s'occupe de la voiture.

Posez la question:
De quoi le (cuisinier) s'occupe-t-il? etc.

VIII *Apprenez:*

[a] Je ne suis que la gouvernante.
Il n'y a que le jardinier qui reste à la maison.
Je n'étais que très légèrement blessée.
Il n'y en a que trois.
Il n'y avait personne ni dans le salon ni dans la salle à manger.

[b]

| La maison | dont il avait vu la photo. |
| | dont sa femme lui avait déjà parlé. |

[c]

Il y avait	de beaux tableaux	dans le salon.
	de vieux meubles	
	de gros fauteuils	
	de belles photos	
	des tableaux célèbres	
	des meubles splendides	
	des fauteuils confortables	
	des photos intéressantes	

[d] un peintre
peindre
la peinture

IX *Faites l'accord:*

1. Ils ont beaucoup aim– les concerts qu'on a donn– à l'hôtel.
2. La pièce qu'on a présent– au théâtre était très intéressant–.

47

3. Elle n'a été que très légèrement bless–.
4. "Je suis malheur–," a-t-elle dit, "car je n'aime pas vivre seul–."
5. Quelle question lui a-t-il pos– ce soir-là ?
6. Ils se sont mari– à la mairie.
7. Le capitaine et sa femme sont arriv– à la villa.
8. Combien de tableaux a-t-il reconn– ?
9. Il n'a pas reconn– les voix qu'il a entend– dans la cuisine.
10. Monsieur et Madame Mercier ne sont pas encore reven–.

X Madame Peisson a dit à son mari:
1. "Assieds-toi dans le salon."
2. "Ote ton veston."
3. "Mets un tablier."
4. "Aide-moi à préparer le dîner."
5. "Epluche ces pommes de terre."
Qu'est-ce qu'elle lui a dit de faire ? (1-5)

XI *Faites l'accord:*
épais: 1. Les couvertures du lit étaient ép——.
2. Les tapis étaient ép——.
3. Le manteau était ép——.
4. La haie qui entourait le jardin était ép——.
5. Le château était enveloppé d'une brume ép——.

XII *Rédaction*
Un monsieur vient d'acheter une voiture neuve. Il retourne un soir à sa voiture dans un parking. Il voit une auto de la même marque et de la même couleur que la sienne. Il s'en va chez lui, et laisse la voiture devant sa maison. Une heure plus tard un agent arrive et l'arrête. Au commissariat il explique comment il s'est trompé de voiture.

Ecrivez cette histoire au passé comme si vous étiez le monsieur. Développez l'interrogation au commissariat.

Leçon 8

Le bureau des objets trouvés

Martin Legrand et Georges Vatel habitaient à Strasbourg dans l'est de la France près de la frontière allemande. Ils étaient toujours ensemble en vacances. Cette année ils allaient à Paris passer deux semaines dans la capitale. Ils avaient l'intention de voir autant de choses que possible pendant leur court séjour — les musées, l'Opéra, les théâtres.

Ils prirent le train de 8h.30 à Strasbourg. Heureusement ils avaient réservé des places car le train était déjà plein à 8 heures quand ils y montèrent. Ils trouvèrent leur compartiment et ils mirent leurs valises dans le filet: Martin dut mettre la sienne sur celle d'un vieux monsieur qui était déjà assis dans un coin. En arrivant à Paris Martin prit sa valise et celle du vieillard et les mit par terre dans le couloir. Il était de plus en plus impatient et quand le train arriva à la Gare de l'Est il saisit une des deux valises, qui étaient exactement pareilles, et partit joyeusement avec son ami chercher un taxi.

Arrivé à son hôtel il ouvrit sa valise et il fut très surpris de trouver des vêtements qui appartenaient évidemment au vieillard. Il s'était trompé de valise. Que faire? Il demanda au portier de l'hôtel:

"Qu'est-ce que je dois faire? J'ai pris la valise d'un vieillard et il a dû prendre la mienne. Il n'y a pas d'adresse sur la valise."

"Il faut aller au bureau des objets trouvés, monsieur," répondit le portier. "Le vieillard dont vous parlez pourra bien y rapporter votre valise. Mais il vaut mieux attendre jusqu'à demain. Le bureau est déjà fermé."

De bonne heure le lendemain les deux jeunes gens se mirent en route pour le bureau. En y arrivant ils virent une foule de gens qui se tenaient devant la porte et qui criaient et gesticulaient.

"Qu'est-ce qu'il y a?" demanda Martin à un jeune homme. "Pourquoi le bureau n'est-il pas ouvert?"

"C'est cet imbécile de gardien qui a perdu la clef de la porte," répondit celui-ci. "Rien de plus ridicule que de perdre la clef d'un bureau des objets trouvés. Je lui ai dit d'aller chercher la clef à un autre bureau," ajouta-t-il en riant. "Je suis venu de loin chercher mon imperméable, que j'ai laissé dans le train."

Le gardien avait déjà envoyé chercher un serrurier et celui-ci arriva bientôt et eut vite fait d'ouvrir la porte. Une fois à l'intérieur Martin vit toute une rangée de valises qui se ressemblaient exactement. Le gardien lui dit, "Essayez donc avec votre clef." A sa grande surprise il put ouvrir trois valises. La première contenait des vêtements de femme; la deuxième appartenait évidemment à une fillette. Il y avait trois poupées et d'autres objets d'enfants.

Mais il fut confondu quand il ouvrit la troisième: elle était remplie de billets de banque. Le gardien siffla entre les dents.

"Je me rappelle maintenant," dit-il. "Il y a deux jours on a cambriolé la Banque Commerciale, et on a volé un million de francs. Il faut avertir la police."

A ce moment-là un vieillard entra dans le bureau. Il portait une valise. C'était bien celle de Martin. Celui-ci dit au vieillard:

"Voici votre valise, monsieur. Hier soir je me suis trompé de valise, et j'ai emporté la vôtre. Je m'excuse de vous avoir dérangé."

I 1. Pourquoi Martin et Georges allaient-ils toujours ensemble en vacances?
2. Allaient-ils rester longtemps à Paris?
3. Qu'est-ce que les deux amis voulaient faire dans la capitale?
4. Sont-ils partis de Strasbourg le soir?
5. Comment sont-ils allés à Paris?

6. Le train était plein. Ont-ils dû rester debout dans le couloir? Pourquoi pas?
7. Ont-ils laissé leurs valises sur la banquette?
8. Pourquoi Martin a-t-il dû mettre sa valise sur celle du vieillard?
9. Pourquoi a-t-il mis la valise du vieillard par terre en arrivant à Paris?
10. Les valises étaient-elles différentes l'une de l'autre?

II
1. Comment était Martin en arrivant à Paris?
2. Comment les deux amis sont-ils allés à l'hôtel?
3. Qu'est-ce que Martin a découvert en ouvrant la valise?
4. Qu'avait-il fait en descendant du train?
5. Qu'est-ce que le vieillard a dû faire?
6. Pourquoi Martin ne pouvait-il pas retrouver le vieillard?
7. Pourquoi voulait-il retrouver sa propre valise?
8. Qu'est-ce que le portier lui a conseillé de faire?
9. Qu'est ce que c'est qu'un bureau des objets trouvés?
10. Pourquoi était-il impossible de retrouver la valise ce soir-là?
11. Qu'est-ce qu'il valait mieux faire?

III
1. Martin et Georges se sont ils levés tard le lendemain matin?
2. Pourquoi?
3. Qu'est-ce que Martin a porté au bureau?
4. Qu'est-ce qu'il y avait devant la porte du bureau?
5. Pourquoi est-ce que les gens criaient?
6. Pourquoi le bureau n'était-il pas ouvert?
7. Pourquoi le jeune homme était-il venu au bureau?
8. Qu'est-ce qu'il avait conseillé au gardien de faire?
9. Qu'est-ce que le serrurier a réussi à faire?
10. Quand Martin a-t-il vu les trois valises?

IV
1. Que Martin a-t-il dû dire au gardien en voyant les trois valises?
2. Qu'a-t-il pu faire avec sa clef?
3. La première valise appartenait-elle à un monsieur?
4. Et la deuxième, appartenait-elle à une femme?
5. Qu'y avait-il dans la troisième?
6. Où avait-on probablement volé cet argent? Quand?

7. Qu'a fait le gardien en voyant l'argent?
8. Quel vieillard Martin a-t-il vu entrer dans le bureau?
9. Quelle valise portait-il?

V
1. Est-ce que Strasbourg est une ville allemande?
2. Est-ce que Strasbourg est sur la Manche?
3. Habitez-vous dans l'est de la France?
4. Est-ce qu'Edimbourg est à l'est de l'Angleterre?
5. Avec qui avez-vous passé vos vacances l'été dernier?
6. Où êtes-vous allé(e)?
7. Etes-vous jamais allé(e) à Paris? Oui, (une) fois/non, jamais.
8. Que préférez-vous faire: visiter un musée ou aller à un théâtre?
9. Avez-vous déjà laissé quelque chose dans un train ou dans un autobus?
10. Quand? Dans quel (train)?
11. Qu'est-ce qu'il faut faire si on laisse quelque chose dans un train?

VI Le vieux monsieur raconte à sa femme ce qui s'est passé lors de son arrivée à Paris, et ce qu'il a dû faire pour retrouver sa valise.

VII *Dictée*
1. La valise qu'il avait ouverte appartenait à un vieillard.
2. Les trois valises étaient exactement pareilles.
3. Les places qu'ils avaient réservées étaient en deuxième classe.
4. La clef qu'il avait oubliée était celle du bureau des objets trouvés.
5. Quelle banque avait-on cambriolée? La Banque Commerciale.
6. Combien de francs avait-on volés? Un million.
7. Les poupées qu'il avaient vues dans la deuxième valise appartenaient à une fillette.
8. Il a pris les deux valises et les a mises par terre.

VIII *Vocabulaire*

[a]

cambrioler	voler	nager	chanter
un cambrioleur	un voleur	un nageur	un chanteur
travailler	un serrurier	garder	
un travailleur	la serrure	un gardien	

[b] un vieillard   une vieille   un beau monsieur
     un vieux monsieur   une vieille femme   un bel homme
     un vieil homme   une belle femme

     un nouveau client
     un nouvel élève
     une nouvelle auto

[c] le nord, le sud, l'est, l'ouest
     Strasbourg est dans l'est de la France.
     L'Allemagne est à l'est de la France.

[d] autant que possible

IX *Apprenez:*

[a] Martin a dû mettre la sienne sur celle d'un vieillard.
     J'ai laissé la mienne dans le couloir et j'ai emporté la vôtre.

[b] Je me suis | trompé de | valise.
     Il s'était | | clef.
                              | maison.
                              | train.

X [a] La villa | appartenait | à un banquier.
        La valise | | à Martin.
        Le pardessus | | au gardien.
        L'imperméable | | à un vieillard.
        La clef | | à une vieille femme.

     Posez la question: A qui appartenait . . . ?

[b] Il faut | aller | au commissariat de police.
     Vous devriez | | chez le médecin.
                        | au syndicat d'initiative.
                        | au bureau des objets trouvés.
                        | chez le pharmacien.
                        | chez l'opticien.
                        | chez le dentiste.
                        | chercher la clef.
                        | acheter un billet.

     Posez la question: Quand faut-il aller . . . ?

XI Ecrivez le deuxième paragraphe ("Ils prirent") comme si vous étiez Martin:

"Nous avons pris le train . . . trompé de valise."

XII On parle allemand en Allemagne.

Qu'est-ce qu'on parle en France, en Angleterre, en Espagne, en Suisse, aux Etats-Unis, au Japon, au Canada?

XIII *Ecrivez dans le discours indirect:*

1. Il a dit au portier, "J'ai pris la valise d'un vieillard et j'ai laissé la mienne dans le train."

   (Il a dit au portier qu'il . . .)

2. Le portier a répondu, "Il vaut mieux attendre jusqu'à demain. Le bureau est déjà fermé."

3. Le jeune homme a dit, "Je suis venu de loin chercher mon imperméable."

4. Le gardien a dit, "Il faut avertir la police."

XIV *Rédaction*

En rentrant chez vous de l'école un soir vous vous êtes rendu compte que vous aviez perdu votre clef. Votre mère n'était pas là. Pourquoi?

Vous avez emprunté une échelle à une voisine. Laquelle? Vous avez essayé deux ou trois fois d'entrer dans la maison, mais enfin vous avez dû casser une fenêtre. Racontez tout l'incident au passé et ce que vous avez dit à votre mère plus tard.

Leçon 9

Le pauvre coiffeur

Il y a quelques jours, un homme accompagné d'un jeune garçon entra chez un coiffeur et lui dit:

"Je voudrais me faire couper les cheveux."

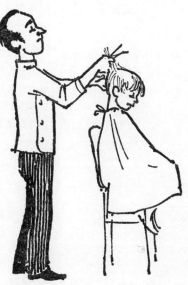

L'opération finie, il demanda au coiffeur s'il vendait du tabac et, quand celui-ci répondit que non, il dit:

"N'importe, je passerai au bureau de tabac qui se trouve de l'autre côté de la rue. Pendant mon absence vous pourrez couper les cheveux à ce jeune garçon."

Le temps passait, le garçon était prêt à partir, et le premier client n'était pas encore revenu.

"Ton papa met bien longtemps à choisir son tabac," dit le coiffeur inquiet.

"Mais . . . ce n'est pas mon papa," répliqua le petit. "Je ne le connais pas. Il m'a arrêté dans la rue et m'a demandé si je voulais me faire couper gratuitement les cheveux."

I   1. Qui est entré chez le coiffeur?
    2. Pourquoi le monsieur y est-il entré?
    3. Qu'est-ce que le coiffeur ne vendait pas?
    4. Où le monsieur est-il allé chercher son tabac?
    5. Qu'est-ce que le coiffeur devait faire pendant l'absence du monsieur?

6. Pourquoi le coiffeur s'inquiétait-il ?
7. Quelle relation le coiffeur croyait-il qu'il existait entre le monsieur et le petit garçon ?
8. Où le monsieur et le garçon s'étaient-ils rencontrés ?
9. Qu'est-ce que le monsieur a demandé au garçon ?
10. Pourquoi n'est-il pas revenu chez le coiffeur ?
11. Combien de fois par mois est-ce que vous allez chez le coiffeur ?
12. Combien de temps le coiffeur met-il à vous couper les cheveux ?
13. Combien est-ce que vous le payez ?
14. Qu'est-ce qu'on achète au bureau de tabac en France, outre le tabac ?

II *Faites des phrases:*

[a]

Je me suis fait	couper	les cheveux.
Il s'est fait	laver	
	brosser	
Je m'étais fait	peigner	
Il s'était fait		
	mal	à la tête.
		à la cheville.
		au pied.
		au genou.
		aux bras.
		aux oreilles.

[b]

Il met	bien longtemps	à	choisir son tabac.
	une demi-heure		se raser.
	une heure		déjeuner.
	trois quarts d'heure		faire ses devoirs.

III *Apprenez:*
Celui-ci répondit que non.
N'importe.
De ce côté de la rue: de l'autre côté de la rue
Il était prêt à partir.
Je ne le connais pas.

IV Le petit garçon raconte à sa mère ce qui lui est arrivé. "Je revenais de l'école quand un monsieur . . . "

V Hier, à trois heures de l'après-midi:
[a] Qu'est-ce que ces gens avaient déjà fait?
[b] Où l'avaient-ils fait?

Modèle
1. Le dentiste . . . seize dents.
   [a] Le dentiste avait déjà arraché seize dents.
   [b] Il les avait arrachées dans son cabinet.
   (*De même avec les autres*)

2. Le professeur de français. 5 leçons.
3. Le directeur de l'usine . 10 lettres.
4. Le vendeur d'autos . . 6 autos.
5. Le pêcheur . . . . 4 poissons.
6. Le romancier . . . . 4 pages du roman.
7. Les jeunes filles . . . 18 disques.
8. Moi . . . . . . 5 parties de tennis.
9. Les deux nageurs . . . 2 kilomètres à la nage.
10. Le pianiste . . . . 6 morceaux de Chopin.
11. Les élèves . . . . . 6 exercices.

Chez la coiffeuse

Bonjour mademoiselle.
— Bonjour madame. Que désirez-vous?
Je voudrais une coupe et une mise en plis.
— Désirez-vous la même coupe que la dernière fois?
Oui, peut-être . . . qu'en pensez-vous?
— Je trouve que ce style vous va très bien.
Bon, d'accord.
(coupe, mise en plis)

— Voilà, c'est tout! Veuillez passer sous le casque. Voulez-vous quelques magazines?
Oui, s'il vous plaît. (*Elle passe sous le casque. Une demi-heure plus tard . . .*)

— Ça va?
Oui, très bien. (*Elle donne un pourboire à la coiffeuse.*)
Merci beaucoup. Au revoir, mademoiselle.
— Au revoir, madame.

VI *Rédaction*

Regardez les quatre images et racontez l'histoire au passé:
"Hier une jeune fille, qui s'appelle Janine Duprez, a eu l'idée d'aller chez la coiffeuse pour . . . "
(Chez qui? Pourquoi? Quel temps faisait-il? Qu'est-ce que la coiffeuse a fait? Pendant combien de temps? Quel temps faisait-il en sortant? Qu'est-ce qui est arrivé? La réaction de Janine? etc.)

Une page d'histoire: Jeanne d'Arc

Pendant la guerre de Cent Ans, au quatorzième et au quinzième siècle, les Anglais et les Français se faisaient des guerres presque continuelles. La misère du peuple français était grande. Jeanne d'Arc, une petite paysanne qui vivait à Domrémy, disait qu'elle avait entendu la voix de

58

Dieu qui lui ordonnait de sauver la France. Enfin on lui permit de partir pour Orléans, ville assiégée par les Anglais. Elle entra dans la ville et fut acclamée par les citoyens. Elle conduisit elle-même les soldats à la bataille et la ville fut délivrée (mai 1429). Les Anglais furent chassés de plusieurs villes.

Un jour cependant, Jeanne fut capturée, et emprisonnée à Rouen. Un tribunal la jugea et la condamna à être brûlée vive, comme sorcière, le 30 mai 1431. Elle avait sauvé la France, mais le roi Charles VII l'abandonna à ses ennemis.

Leçon 10

Le tuyau

Henri Legrand avait quatorze ans. Il habitait à Cherbourg, grande ville française en Normandie. Son père était marin, et quand il revenait de ses voyages il racontait toutes ses aventures à son fils. Il lui décrivait tous les pays lointains qu'il avait visités — la Chine, l'Inde, l'Afrique, l'Amérique du Sud. Henri désirait devenir marin comme son père et il allait souvent au port regarder de près les grands bateaux qu'on chargeait et déchargeait. Les ouvriers du port le chassaient de temps en temps car ils croyaient qu'il avait l'intention de se cacher sur quelque bateau.

Voilà ce qui lui est arrivé un jour tel qu'il l'a raconté plus tard à son père.

"Un jour," a-t-il dit, "j'étais au port, assis sur une pile de tuyaux. Je  regardais les ouvriers qui attachaient de grandes caisses aux chaînes des grues qui les ramassaient lentement et les déchargeaient sur les bateaux. Je me demandais ce qu'il y avait dans ces caisses immenses, et quelle était leur destination. Enfin, saisi de curiosité, je me suis approché d'une boîte pour lire l'adresse. Un ouvrier m'a remarqué et il s'est précipité vers moi en criant. Je me suis caché dans un immense tuyau; l'ouvrier ne m'a pas trouvé et il est retourné à son travail. Figure-toi que dix minutes plus tard j'ai senti un léger mouvement dans le tuyau. Puis je me suis aperçu que je montais de plus en plus rapidement en l'air. On avait attaché le tuyau où je m'étais caché à une grue qui était en train de le soulever pour le déposer sur le bateau. Je n'avais plus le temps d'en sortir. Le tuyau est

monté très vite en l'air et tournait
et retournait dans tous les sens.
J'avais très peur; j'appuyais avec
mes genoux contre le tuyau pour
éviter de glisser au bout et de
tomber. Puis le tuyau a commencé à
descendre pour atterrir dans la cale
du bateau. Personne ne m'a remarqué et je suis resté immobile de peur
d'être découvert. J'ai senti quelques
chocs au-dessus de ma tête comme
on descendait d'autres tuyaux.

"Puis ce fut le silence et l'obscurité. On avait chargé le bateau et
refermé la cale. Un quart d'heure plus tard le bateau a bougé — il
partait. Je suis sorti de mon tuyau mais je ne pouvais rien voir. J'ai
découvert enfin un escalier qui menait à une trappe que j'ai essayé
d'ouvrir mais en vain. Elle était trop lourde. J'ai frappé et j'ai crié
pendant longtemps. J'avais presque perdu tout espoir quand j'ai entendu
des voix et la trappe s'est ouverte.

"Mon Dieu," s'est écrié l'un des marins. "C'est un garçon; comment
a-t-il pu se cacher dans la cale? J'étais là tout le temps."

"C'est le jeune vaurien que nous avons vu sur le quai. Tu voulais
voyager avec nous, hein?"

"Non, monsieur," ai-je répondu, en pleurant, car j'avais peur d'être
battu. "J'ai eu peur et je me suis caché dans un tuyau qu'on a hissé sur le
bateau."

"Il faut le débarquer dans le bateau-pilote," a dit un officier. "Il est
sur le point de nous quitter."

Cette aventure n'a pas cependant changé les idées d'Henri et deux ans
plus tard il est devenu marin.

I   1. De qui s'agit-il dans cette histoire?
     2. Quel âge avait-il alors?
     3. Est-ce que Cherbourg est dans le Midi de la France?
     4. Est-ce que Cherbourg est près de Paris?
     5. Quel genre de ville est-ce? Cherchez des renseignements.
     6. Que faisait le père d'Henri dans la vie?

7. Quels pays son père visitait-il?
8. Qu'est-ce qu'Henri avait envie de faire dans la vie?
9. Comment s'amusait-il au port?
10. Est-ce qu'on lui permettait d'y rester longtemps?

II 1. Où Henri est-il allé s'asseoir un jour?
2. Qu'est-ce que les ouvriers attachaient aux grues?
3. Que faisaient les grues?
4. Pourquoi Henri s'est-il approché d'une caisse?
5. Pourquoi l'ouvrier s'est-il approché d'Henri?
6. Comment Henri s'est-il échappé?
7. L'ouvrier a-t-il continué longtemps à le chercher?
8. Qu'est-ce qui est arrivé au tuyau dix minutes plus tard?
9. Pourquoi le tuyau montait-il en l'air?
10. Pourquoi l'avait-on attaché à la grue?
11. Que faisait le tuyau en montant?

III 1. Quelle a été la réaction d'Henri?
2. Qu'a-t-il fait pour éviter de tomber?
3. Qu'est-ce qui est enfin arrivé au tuyau?
4. Pourquoi Henri n'a-t-il pas bougé?
5. Quel bruit a-t-il entendu au-dessus de sa tête?
6. Qu'est-ce qui est arrivé un quart d'heure plus tard?
7. Qu'est-ce qu'Henri a d'abord vu en sortant du tuyau?
8. Comment Henri a-t-il pu arriver jusqu'à la trappe?
9. Pourquoi n'a-t-il pas pu sortir de la cale?
10. Qu'est-ce qui s'est passé enfin?
11. Qu'est-ce qu'un marin lui a demandé? (*style indirect*)
12. Qu'est-ce qu'Henri lui a répondu? (*style indirect*)
13. Pourquoi a-t-il pleuré?
14. Qu'est-ce qu'il fallait faire pour se débarrasser de lui?

IV *Faites des phrases:*

[a] Henri n'a pas pu | lire l'adresse sur la caisse.
sauter du tuyau.
ouvrir la trappe.
sortir de la cale.

[b] Il avait peur | d'être découvert par le marin.
                 | de tomber du tuyau.
                 | de rester dans la cale.
                 | d'être battu.

V *Apprenez:*

[a] Henri se demandait | ce qu'il y avait dans les caisses.
                      | s'il allait tomber.
                      | s'il allait rester longtemps dans la cale.
                      | si les marins allaient le battre.

[b] Henri | s'est approché | du tuyau.
                           | de la caisse.
   L'ouvrier | | d'Henri.

[c] Personne ne m'a remarqué.
    Je ne pouvais rien voir.

VI *Faites l'accord:*
1. Les deux grands bateaux qu'on avait charg– de marchandises venaient de quitter le port.
2. Une grande caisse qu'on avait attach– à une grue montait lentement en l'air.
3. La trappe de la cale avait été ferm–.
4. J'ai essay– d'ouvrir la trappe mais elle était trop lourd–.
5. J'ai entend– des voix et la trappe s'est ouvert–.
6. Il lui décrivait toutes les villes lointain– qu'il avait visit–.

VII Comment s'appellent les habitants:

1. de la Chine?
2. de l'Inde?
3. de l'Afrique?
4. de l'Amérique?
5. de l'Ecosse?
6. de l'Espagne?
7. de la Belgique?
8. du Japon?
9. du Canada?
10. de l'Italie?
11. de l'Allemagne?
12. du Portugal?

VIII *Vocabulaire*

un vaurien = un homme qui ne vaut rien.

un marin	un bateau	charger
(un matelot)	un paquebot	décharger
la marine	un voilier	

monter	descendre	arriver	partir
la montée	la descente	l'arrivée	le départ

décrire	sentir	léger
la description	la sensation	lourd

IX *Ecrivez dans le style indirect:*

Henri a dit:

1. "Un ouvrier s'est précipité vers moi."
2. "Je me suis caché dans un tuyau."
3. "Je me suis aperçu que je montais."
4. "Le tuyau a commencé à descendre."
5. "Je suis sorti du tuyau."
6. "La trappe s'est ouverte."
7. "J'ai eu peur."

Modèle

Il a dit qu'un ouvrier s'était précipité vers lui.

Continuez de même: 2–7.

X *Modèle*

On avait soulevé les caisses.

— Les caisses avaient été soulevées.

1. On avait déchargé les caisses sur le bateau.
2. On avait soulevé le tuyau.
3. On avait déposé Henri sur le bateau.
4. On avait rempli la cale de caisses.
5. On avait refermé la trappe.
6. On avait enfin découvert Henri.

XI *Rédaction*

Un jeune garçon de quinze ans désire beaucoup voyager, et se cache dans un bateau de sauvetage sur un cargo. Un jour après le départ il a très faim et soif. La nuit il sort et essaie de trouver de quoi manger et boire. Il rencontre un matelot qui le chasse et l'attrape. On le fait travailler. A quoi ? En arrivant à destination on le renvoie chez lui. Comment ? De retour à la maison il a raconté à ses parents ce qui lui est arrivé, et après il leur a demandé la permission de s'engager dans la marine française.

Leçon 11

Trois contes

1. Un Américain à Paris

Un jour un Américain faisait le tour de Paris. Il avait loué un taxi et le chauffeur lui servait de guide.

"Combien de temps a-t-il fallu pour construire ce bâtiment-là?" demanda-t-il, quand le taxi s'arrêta devant le Louvre.

"Ah, je ne sais pas, monsieur, mais il a certainement fallu plusieurs années."

"Chez nous il faut seulement une année pour construire un tel bâtiment."

Ils arrivèrent ensuite devant le Pont-Neuf.

"Combien de temps a-t-il fallu pour construire ce pont?" demanda l'Américain.

"Oh, plusieurs années, sans doute," répondit le chauffeur.

"Chez nous il faut seulement six mois pour construire un tel pont."

Comme ils passaient devant Notre-Dame il demanda:

"Et combien de temps a-t-il fallu pour bâtir cette église?"

"Quelle église?" demanda le chauffeur, qui commençait à se fatiguer des remarques de l'étranger. "C'est curieux, je ne me rappelle pas cette église-là. Elle n'était pas là hier après-midi."

I 1. De qui parle-t-on dans cette histoire?
   2. Qu'est-ce que l'Américain faisait? Pourquoi?
   3. Qui lui servait de guide?
   4. Où se sont-ils d'abord arrêtés?
   5. Qu'est-ce que l'Américain a demandé au chauffeur?
   6. Où se sont-ils arrêtés ensuite?
   7. Quel fleuve est-ce que le Pont-Neuf traverse?
   8. Combien de temps faut-il en Amérique pour construire un bâtiment comme le Louvre, selon l'Américain?
   9. Et un pont comme le Pont-Neuf?
  10. Où se sont-ils enfin arrêtés?
  11. Qu'est-ce que c'est que le Louvre?
  12. Et Notre-Dame?

2. Marius

Marius ne voulait jamais avouer son ignorance. Un jour il se promenait dans les rues de Marseille avec Pierre quand il rencontra son amie Lydie, qui portait une belle fleur rouge.

"Quelle belle rose!" dit Pierre. "Je n'ai jamais vu une fleur si magnifique."

"Ce n'est pas une rose, c'est un chrysanthème," dit Marius.

"Tu en es sûr, mon ami?" dit Pierre. "Tu me diras peut-être comment on écrit le mot chrysanthème?"

Marius réfléchit pendant un moment, et puis il dit:

"Tu as raison, mon vieux, ce n'est pas un chrysanthème, c'est une rose."

II 1. De qui s'agit-il dans cette histoire?
   2. Où Marius habitait-il?
   3. Que faisait-il un jour?
   4. Etait-il seul?

5. Qui a-t-il rencontré?
6. Que portait-elle?
7. Quelle espèce de fleur était-ce, selon Pierre?
8. Est-ce que Marius était d'accord?
9. Qu'est-ce que Pierre a demandé à Marius de faire?
10. Pourquoi Marius a-t-il changé d'avis?

3. Un vent terrible

Un jour Marius revint de Paris à Marseille. Le soir il alla à son café habituel et en entrant il vit son ami Pierre assis dans un coin, en train de prendre un cognac. Il s'assit à côté de lui, après avoir commandé un verre de bière.

"Ça va, mon vieux?" lui dit-il. "Qu'est-ce qui s'est passé pendant mon absence?"

"Eh bien," répondit l'autre, "tu ne vas pas me croire, mais il y a eu un orage[1] terrible et le vent a soufflé si fort que Notre-Dame de la Garde a tremblé sur sa base. Nous avons tous eu peur."

"Ce n'est rien du tout, ça," répondit Marius. "A Paris il a soufflé si fort qu'on a dû clouer les rues pour les empêcher de s'envoler."

(*A Paris on a mis de gros clous dans les rues pour marquer les endroits ou les piétons doivent traverser. Ce sont "les passages cloutés".*)

[1]un orage = une tempête

III 1. Qu'est-ce qu'un piéton?
2. Par où les piétons doivent-ils traverser les rues à Paris?
3. Où Marius est-il allé un soir?
4. Que venait-il de faire?
5. Où était Pierre?
6. Que faisait-il?
7. Qu'est-ce que Marius a fait en voyant son ami?
8. A-t-il commandé son verre de bière après s'être assis?
9. Est-ce que Notre-Dame de la Garde est à Paris?
10. Qu'est-ce que le vent avait fait pendant l'après-midi à Marseille?
11. Comment Pierre avait-il réagi à l'orage?
12. Pourquoi avait-on mis de gros clous dans les rues de Paris, selon Marius?

IV *Apprenez:*

Je n'ai jamais vu | un tel bâtiment.
  | un tel pont.
  | une telle fleur.
  | une telle église.
  | un si grand pont.
  | une si belle fleur.
  | un bâtiment si énorme.
  | une fleur si magnifique.

V *Apprenez:*

[a]   Ce bâtiment-ci   Ces ponts-ci
     Ce bâtiment-là   Ces ponts-là

     Cette église-ci   Ces fleurs-ci
     Cette église-là   Ces fleurs-là

[b]   Tu as raison (tort).
     Nous avons eu peur.
     En train de prendre un cognac
     Quelle belle rose!
     Ça va?
     Ce n'est rien du tout.

[c]   Je ne me rappelle pas cette église-là = Je ne me souviens pas de cette église-là.

Revision

VI 1. Est-ce qu'un chien vit plus longtemps ou moins longtemps qu'un homme?
2. Serez-vous vivant(e) ou mort(e) en l'an 2000?
3. Quel âge aurez-vous en l'an 2000?
4. En quelle année êtes-vous né(e)? (*en toutes lettres*)
5. A quel âge avez-vous commencé à apprendre le français?
6. A quel âge pourrez-vous voter?
7. A quel âge pourrez-vous conduire une voiture?
8. Depuis quand êtes-vous élève de votre école?

VII *Faites l'accord:*

[a] un tel | une rivière, une église, une vue,
une telle | un homme, une femme, un voyage, une aventure

[b] italien | la langue, un professeur, des voyageurs,
chinois | des journaux, des villes, une femme, des fillettes, des
| soldats

VIII [a] Combien de temps faut-il pour aller de Paris à Dieppe, Boulogne, Calais, Dijon, Marseille?

[b] Combien de temps vous a-t-il fallu pour:
1. faire vos devoirs hier soir?
2. faire votre toilette ce matin?
3. prendre votre petit déjeuner?
4. venir à l'école?

IX Est-ce que Marius a tort ou a raison quand il dit que (qu'):
1. La ville de Marseille est plus grande que Paris?
2. Il est l'homme le plus intelligent de la France?
3. La France est plus grande que l'Angleterre?
4. Un chrysanthème est plus beau qu'une rose?
5. On a dû clouer les rues pour les empêcher de s'envoler?
6. Le Rhin est plus long que la Seine?
7. Il est Marseillais?
8. Shakespeare était un écrivain français?

X *Rédaction*
Ecrivez une lettre à un(e) ami(e). Vous avez perdu le livre que vous lui avez emprunté. (Comment?) Vous vous excusez et vous lui demandez s'il faut acheter le même livre ou un autre. Vous lui donnez vos impressions du livre, et vous l'invitez au déjeuner la semaine prochaine.

XI *Ecrivez le passé historique de:*
s'arrêter, voir, s'asseoir, revenir.

Leçon 12

Si j'étais millionnaire! (1)

Un soir d'été Monsieur Charles Mandel, pharmacien, était assis à la terrasse d'un café. Il paraissait distrait, et n'écoutait pas sa femme, assise près de lui.

"Qu'est-ce qu'il y a donc?" dit-elle enfin. "Je te parle depuis un quart d'heure et tu ne m'écoutes pas. A quoi penses-tu?"

"Comme je serais heureux si j'étais millionnaire!" soupira-t-il. "Je vendrais mon magasin et je passerais mes dernières années à la campagne."

"Quelle bonne idée!" dit sa femme. "J'aimerais posséder une petite maison avec un beau jardin. Comme nous habiterions loin de la ville, une voiture serait bien nécessaire, n'est-ce pas?"

"Oui! En effet. Nous achèterions une bonne marque comme une Mercédès, une Jaguar, ou une Citroën."

"Et nous ferions des voyages partout. Nous irions aux Etats-Unis, en Amérique du Sud, en Angleterre, en Italie. Nous pourrions aller à Rome et à Venise voir les beaux monuments et les belles peintures."

"Mais certainement, ma chère. Et si je t'offrais une belle montre en or?"

"J'en serais ravie. Achetons tout de suite des billets de la loterie nationale."

(à suivre)

I   1. De qui s'agit-il dans cette histoire?
2. Quelle était la profession de Monsieur Mandel?
3. Est-ce qu'il était seul à la maison?
4. Depuis combien de temps sa femme lui parlait-elle?
5. A quoi pensait-il?
6. Que ferait-il s'il était millionnaire?

7. Qu'est-ce que sa femme voudrait acheter à la campagne?
8. Pourquoi une voiture serait-elle indispensable?
9. Quelle marque Monsieur Mandel choisirait-il probablement?
10. Où feraient-ils des voyages?

II 1. Quelles villes voudraient-ils visiter en Italie?
2. Qu'est-ce qu'ils y verraient?
3. Où iraient-ils (probablement) aux Etats-Unis?
4. Que verraient-ils à New York?
5. Comment s'appellent les habitants des Etats-Unis?
6. Où iraient-ils (probablement) en Angleterre?
7. Que verraient-ils à Londres?
8. Comment s'appellent les habitants de l'Angleterre?
9. Où iraient-ils (probablement) en Amérique du Sud?
10. De quelle nationalité était Monsieur Mandel?

III 1. Monsieur Mandel serait-il heureux ou triste s'il était million-naire?
2. Qu'est-ce qu'il offrirait à sa femme comme cadeau?
3. Quelle serait la réaction de sa femme en recevant ce cadeau?
4. Qu'est-ce qu'ils ont eu l'idée de faire?
5. Et vous, si vous aviez beaucoup d'argent, est-ce que vous achèteriez une montre en or ou en argent?
6. Est-ce que vous achèteriez une maison en ville ou à la campagne?
7. Est-ce que vous achèteriez une voiture allemande comme la Mercédès ou une voiture anglaise comme la Bentley?
8. Où iriez-vous d'abord?
9. Dans quel pays voudriez-vous habiter?
10. Qu'est-ce que vous donneriez à votre famille comme cadeaux?

Dialogue

Que feriez-vous si vous étiez riche?
(*Jean:*) J'achèterais une ferme. J'aurais des troupeaux de vaches et de moutons et quelques chevaux. J'inviterais tous mes amis à venir me voir. Ils pourraient faire de l'équitation.

(*Marcel:*) D'abord je ferais le tour du monde. Je verrais tous les pays décrits dans des livres que j'ai lus, et qui m'intéressent — l'Inde, l'Australie, la Nouvelle-Zélande, l'Amérique du Sud. Je voyagerais le plus possible en avion.

(*Jeanne:*) Je crois que j'achèterais un grand château, et une voiture de luxe. J'aurais beaucoup de domestiques et j'épouserais peut-être un prince italien.

(*Marie:*) Moi, je demeurerais à Paris, dans un appartement de luxe aux Champs-Elysées. J'y habiterais avec ma meilleure amie. Nous irions au théâtre ou au bal tous les soirs. J'aime beaucoup la peinture et j'achèterais de belles peintures de Manet, Renoir, Cézanne et d'autres impressionnistes. J'aurais un grand salon où je ferais pendre tous mes beaux tableaux.

(*Andrée:*) Je resterais à la maison et j'aurais un poste de télévision en couleurs. Je ne veux ni de grands châteaux, ni d'appartements de luxe, ni de fermes. Je ne veux pas du tout me déplacer. Je donnerais la moitié de mon argent aux œuvres charitables.

IV 1. Qu'est-ce que Jean achèterait, s'il était riche?
    2. Qu'est-ce qu'il inviterait ses amis à faire?
    3. Qu'est-ce que ces amis pourraient faire à la ferme?
    4. Que ferait Marcel? Pourquoi?
    5. Comment voyagerait-il?
    6. Que ferait Jeanne?
    7. Est-ce qu'elle épouserait un Français?
    8. Et Marie, demeurerait-elle dans un château?
    9. Que feraient Marie et son amie tous les soirs?
    10. Qu'est-ce qu'elle achèterait? Pourquoi?
    11. Que ferait Andrée? Pourquoi?
    12. Que ferait-elle de la moitié de son argent?

V Que feriez-vous si vous aviez congé demain (le matin, l'après-midi, le soir)?

VI *Dictée*
"Comme je serais heureux ... les belles peintures."

VII *Rédaction*

Hier votre mère vous a demandé de faire des commissions pour elle. Lesquelles ? Vous êtes parti(e) à vélo. On a volé le vélo. Quand ? Vous êtes allé(e) au commissariat de police. Racontez la conversation avec le commissaire et comment on a enfin retrouvé votre vélo.

Jeu télévisé I

Le présentateur: Bonjour, mesdames, messieurs. Voici notre jeu télévisé: "Que savez-vous ?" Si vous répondez correctement aux questions, vous recevrez un prix. Voici notre premier concurrent. Comment vous appelez-vous, monsieur, et quel âge avez-vous ?

Le concurrent: Je m'appelle Jacques Dupont, et j'ai seize ans.

Le présentateur: Vous pouvez choisir l'histoire, la géographie, ou des questions générales sur la France.

Jacques: Je choisis l'histoire.

Le présentateur: Voici la première question. Vous avez entendu parler de Louis XIV, n'est-ce pas ?

Jacques: Mais oui, naturellement, c'était un roi de France.

Le présentateur: Pendant combien de temps a-t-il régné ?

Jacques: Voyons. Son père Louis XIII est mort en 1643. Louis XIV n'était alors qu'un tout petit enfant. Il a gouverné le royaume à partir de 1661 et il est mort en 1715. Il a donc régné 54 ans.

Le présentateur: Bravo. Je vois que vous connaissez bien l'histoire. Deuxième question. Quel château célèbre a-t-il fait bâtir, et pourquoi ?

Jacques: Il a fait bâtir le château de Versailles, car il voulait avoir le plus grand palais du monde. Il a fallu trente ans pour le construire.

Le présentateur: Quelle espèce de roi était-il ?

Jacques: C'était un monarque absolu. Il se croyait le plus grand roi du monde. Il a dit: "L'Etat, c'est moi." Il a vécu entouré continuellement d'une foule de courtisans qui l'admiraient comme un dieu. Cependant il a trop aimé la guerre, et la misère de son peuple a été grande à la fin de son règne, à cause des impôts royaux de plus en plus lourds.

Le présentateur: Quel édit a-t-il révoqué ? Quand et pourquoi ?

Jacques: Il a révoqué l'Edit de Nantes, en 1685. Cet édit avait été conçu par le roi Henri IV, en 1589. Il accordait aux protestants le droit de pratiquer leur religion. Louis XIV, catholique lui-même, et qui régnait en roi absolu, ne pouvait pas tolérer l'indépendance religieuse.

Le présentateur: Formidable. Vous avez gagné. Voici votre prix, un billet de cent francs pour acheter des livres.

Jacques: Merci mille fois, monsieur.

Le présentateur: Il n'y a pas de quoi. Puisque vous avez gagné, revenez la semaine prochaine.

Jacques: D'accord, monsieur. Au revoir.

Leçon 13

Si j'étais millionnaire! (2)

Quelques jours plus tard, quelle surprise! Monsieur Mandel gagna le gros lot.

"Qu'allons-nous faire," dit-il, "maintenant que nous sommes riches?"

"Pour commencer, nous pourrions vendre notre magasin," dit sa femme.

"Mais je ne voudrais jamais vendre à un inconnu mon vieux magasin."

"Voyons, Georges, maintenant que nous avons tant d'argent, nous devrions aller vivre dans une belle villa à la campagne. Là, nous pourrions nous reposer."

"Chérie, tu me connais bien: je serais malheureux sans mon travail."

"Et la montre en or, tu me l'achèteras quand même?"

"Mais je pourrais placer l'argent facilement à 6 pour cent. Cela rapporterait beaucoup, mais ta montre ne rapporterait rien."

"Mais cette auto indispensable dont tu as tant parlé?"

"Les voitures coûtent cher, et on perd beaucoup d'argent à les entretenir. Quand nous voudrons faire un petit tour, nous prendrons un taxi."

Et Monsieur Mandel partit pour son magasin.

Trois jours plus tard, Monsieur Vincent, un de ses meilleurs amis, vint le voir, et lui demanda de lui prêter 2.000 francs. Sa banque lui avait prêté cette somme trois mois auparavant. Il devait la rembourser le lendemain et il n'avait pas l'argent nécessaire. La semaine prochaine, un client lui donnerait 5.000 francs.

"Tu serais bien aimable de me prêter cette somme," dit-il à Monsieur Mandel. "Je pourrai certainement te la rendre dans quelques jours."

"Je suis vraiment désolé," répondit Monsieur Mandel. "Si tu étais venu me voir il y a deux ou trois jours, cela m'aurait été facile, mais je n'ai plus d'argent en poche. Je l'ai placé très avantageusement hier."

Monsieur Vincent partit tristement, et Madame Mandel dit à son mari:

"Tu as vraiment changé de caractère, mon ami. Tu es devenu avare. J'aurais été plus heureuse si nous n'avions pas gagné le gros lot."

(d'après) E. Pelaez, Humour, Paustian Frères Editeurs

I 1. Pourquoi Monsieur Mandel était-il surpris, quelques jours plus tard?

2. Qu'est-ce que sa femme voudrait faire, pour commencer?

3. Pourquoi Monsieur Mandel a-t-il refusé de vendre son magasin?

4. Pourquoi devraient-ils aller à la campagne, selon sa femme?

5. Monsieur Mandel serait-il heureux à la campagne? Pourquoi pas?

6. Pourquoi ne voulait-il plus acheter la montre en or pour sa femme?

7. Pourquoi ne voulait-il plus acheter une voiture?

8. Que pourraient-ils faire quand ils voudraient faire un petit tour?

9. Qui est venu voir Monsieur Mandel quelques jours plus tard?

10. Est-ce que Monsieur Vincent lui était étranger?

II 1. Pourquoi Monsieur Vincent était-il venu?

2. Qu'avait-il emprunté à sa banque trois mois auparavant?

3. Que fallait-il faire le lendemain?

4. Avait-il assez d'argent pour rembourser ce qu'il avait emprunté?

5. Dans combien de temps aurait-il l'argent qu'il lui fallait? Comment l'obtiendrait-il?

6. Qu'a-t-il demandé à Monsieur Mandel de faire?

7. Qu'a-t-il promis à Monsieur Mandel de faire?

8. Est-ce que Monsieur Mandel lui a prêté les deux mille francs? Pourquoi pas?

9. Madame Mandel était-elle contente d'avoir gagné le gros lot? Pourquoi pas?

10. Qu'est-ce que c'est qu'un avare?

III Que feriez-vous normalement si vous étiez:
1. agent de police?
2. cambrioleur?
3. professeur d'histoire?
4. épicier?
5. électricien?
6. plombier?
7. facteur?
8. marin?
9. jardinier?
10. cuisinier?

IV 1. Si vous achetiez un cadeau pour votre oncle ou votre tante, qu'est-ce que vous achèteriez?
2. Si quelqu'un vous demandait de choisir un cadeau pour vous-même, qu'est-ce que vous choisiriez?
3. Si vous vouliez apprendre à nager, où iriez-vous?
4. Si vous vouliez apprendre à jouer du violon, que feriez-vous?
5. Qu'est-ce que vous feriez si vous aviez mal à la tête?
6. Si vous sautiez d'un avion en parachute, quelle est la première chose que vous feriez?
7. Si vous vouliez aller très vite à Paris, comment y iriez-vous?
8. Et si vous aviez beaucoup de temps?
9. Que feriez-vous tous les jours si vous étiez boulanger?
10. Ou si vous étiez professeur de français?

Revision

V 1. Quelle est la différence entre un cinéma et un théâtre?
2. Lequel préférez-vous?
3. Combien de théâtres y a-t-il dans votre ville?
4. Comment s'appelle le meilleur cinéma de votre ville?
5. Quand êtes-vous allé(e) au théâtre pour la dernière fois?
6. Quelle pièce avez-vous vue?
7. Est-ce que c'était une tragédie ou une comédie?

8. Comment s'appelle l'auteur de cette pièce?
9. Combien de temps la représentation a-t-elle duré?
10. Est-ce que c'était une pièce intéressante ou ennuyeuse?
11. Combien avez-vous payé votre place?
12. Comment s'appelle votre acteur préféré?
13. Est-il vieux?
14. Et votre actrice préférée?
15. Comment est-elle?

VI *Rédaction*
Lettre à un(e) correspondant(e) français(e), qui habite à Paris.
  Vous l'invitez à passer un mois chez vous pendant les vacances prochaines. Vous lui expliquez le trajet à suivre (il (elle) prendra le bateau); l'itinéraire le plus court Paris–Londres; ce qu'il faut faire en arrivant à Victoria; où vous l'attendrez à la gare; comment il (elle) vous reconnaîtra; ce que vous ferez pendant son séjour chez vous (120–150 mots).

VII *Faites des phrases:*

[a]

J'irais	en Italie.
Il irait	en Amérique du Sud.
Nous irions	en Espagne.
Ils iraient	en Allemagne.
J'habiterais	en Autriche.
Il habiterait	en Suisse.
Nous habiterions	au Canada.
Ils habiteraient	au Japon.
	au Portugal.
	au Pays de Galles.
	au Luxembourg.
	au Danemark.

[b]

Et		dont	
	cette belle villa		tu m'as tant parlé?
	cette auto indispensable		tu m'as fait cadeau?
	cette montre en or		

Le Tour de France

Le cyclisme est le sport le plus populaire de France, avec le football.

Beaucoup de cyclistes s'entraînent sur les routes dans les courses locales. Les meilleurs coureurs forment des équipes pour lutter dans le grand événement de l'année — le Tour de France. Plusieurs équipes internationales y prennent part aussi.

Cette course commence vers la fin de juin et dure vingt-deux jours. Les "coureurs" doivent faire environ 4.000 kilomètres et passent dans la plupart des régions de France. Chaque étape dure une journée, et le soir les "coureurs" se reposent dans des hôtels. Quelques étapes sont très difficiles car les coureurs doivent escalader les montagnes.

Au bout de chaque étape celui qui a mis le moins de temps à parcourir toutes les étapes reçoit le maillot jaune, qu'il porte fièrement le lendemain. Chaque jour les journaux, la radio et la télévision commentent la course, et des millions de Français et d'étrangers suivent avec enthousiasme le progrès de leur "coureur" préféré. Le tour se termine dans un grand vélodrome parisien.

Leçon 14

Christophe

Une veuve habitait dans une petite ferme en Bretagne avec son fils Christophe. C'était un bon garçon, mais il était un peu simple. Un jour elle l'envoya acheter une hache au marché. En revenant à la ferme,

Christophe s'amusa à faire tournoyer la hache qui tomba finalement sur un agneau et le tua sur le coup.

De retour à la ferme, il raconta cet accident à sa mère, qui lui dit:

"C'est très stupide ce que tu as fait. N'as-tu pas vu des charrettes chargées de foin? Tu aurais dû mettre la hache dans une charrette qui revenait au village."

"Excuse-moi. Je n'ai pas pensé à cela. Je ferai mieux la prochaine fois," répondit Christophe.

La semaine suivante sa mère l'envoya en ville acheter des aiguilles, et elle dit:

"Ne les perds pas, surtout."

Cette fois-là il revint tout joyeux.

"Eh bien, Christophe, où sont les aiguilles?"

"Oh! elles sont en sûreté. Comme je sortais du magasin des charrettes passaient, chargées de foin. J'ai suivi celle de notre voisin Pierre, et j'ai caché les aiguilles dans le foin. Elles sont en lieu sûr."

"En effet," répondit sa mère, "si sûr qu'on ne les retrouvera jamais. Tu aurais dû les piquer dans ton chapeau."

"Je n'ai pas pensé à cela," dit le pauvre Christophe. "Je ferai mieux la prochaine fois."

I   1. Qu'est-ce que c'est qu'une veuve?
    2. Où est la Bretagne?
    3. Comment s'appellent les habitants de la Bretagne?
    4. La veuve demeurait-elle seule à la ferme?
    5. Où a-t-elle envoyé Christophe un jour?
    6. Qu'est-ce qu'elle l'a envoyé faire?
    7. Qu'est-ce que Christophe a fait en revenant?
    8. Pourquoi?
    9. Qu'est-ce qui est arrivé à la hache?
   10. Qu'est-ce qui est arrivé à l'agneau?

II 1. La veuve a-t-elle approuvé ce que Christophe venait de faire?
    2. Qu'est-ce qu'il a dû voir en revenant à la ferme?
    3. Qu'est-ce que c'est que le foin?
    4. Où Christophe aurait-il dû mettre la hache?
    5. Pourquoi n'avait-il pas fait cela?
    6. Qu'est-ce que sa mère lui a dit d'acheter la semaine suivante?
    7. A quoi servent les aiguilles?
    8. A quoi sert une hache?
    9. A quoi sert une charrette?
   10. Qu'est-ce que sa mère lui a dit comme il partait la deuxième fois? (Elle lui a dit de . . .)

III 1. Où Christophe a-t-il acheté les aiguilles?
    2. Comment était-il cette fois-là en rentrant?
    3. Etait-il revenu tout joyeux la première fois? Pourquoi pas?
    4. Qu'est-ce que sa mère lui a demandé? (*style indirect*)
    5. Quand a-t-il vu des charrettes?
    6. Ces charrettes étaient-elles vides?
    7. Où a-t-il caché les aiguilles?
    8. Dans quelle charrette?
    9. Pourquoi a-t-il fait cela?

10. Qu'est-ce qu'il aurait dû faire?
11. Est-ce qu'il serait facile de retrouver les aiguilles?
12. Nommez cinq provinces de France.

IV La veuve raconte à sa sœur ce que son fils a fait. "Un jour je lui ai demandé de . . . "

V *Apprenez:*
    [a] Christophe n'aurait pas dû laisser tomber la hache.
        Il aurait dû suivre la charrette du voisin.
        Il aurait dû y mettre la hache.
        Il n'aurait pas dû tuer l'agneau.

    [b] Il n'aurait pas dû cacher les aiguilles dans le foin.
        Il aurait dû les piquer dans son chapeau.
        Il n'aurait pas dû les perdre.

VI *Apprenez:*
    [a] Et la hache?
        Pourquoi ne l'as-tu pas mise dans une charrette?
        Et les aiguilles?
        Pourquoi ne les as-tu pas piquées dans ton chapeau?

    [b] On ne les retrouvera jamais.
        Ne les perds pas.
        Je n'ai pas pensé à cela.

    [c] Une aiguille sert à coudre.
        Les haches servent à couper du bois.

VII *Faites l'accord:*
    1. Où as-tu mis la hache?
        — Je l'ai m– dans une charrette.
    2. Où as-tu acheté les aiguilles?
        — Je les ai achet– au marché.
    3. Quelle charrette as-tu suiv–?
        — J'ai suiv– celle de mon voisin.

4. Christophe est revenu tout joyeux.
   — Et sa mère, était-elle joy– aussi?
5. Est-ce que la veuve a accompagné son fils?
   — Non, elle est rest– à la maison.

VIII Sa mère lui a dit | d'acheter une hache au marché.
de la mettre dans une charrette.
d'acheter des aiguilles au magasin.
de les piquer dans son chapeau.

de ne pas laisser tomber la hache.
de ne pas perdre les aiguilles.

    [a] Est-ce que sa mère lui a dit | d'acheter une bêche?
de faire tournoyer la hache?
d'acheter des épingles?
de mettre les aiguilles dans
le foin? etc.

    [b] Ecrivez dans le discours direct: e.g. "Achète une hache au marché."

Conversation à l'école

Le professeur: Vous êtes en retard, Jacques. Il est neuf heures moins vingt. Vous auriez dû arriver à huit heures et demie. Qu'est-ce qui s'est passé?

Jacques: J'ai pris le train de huit heures dix, monsieur. J'aurais dû prendre celui de huit heures moins dix. Malheureusement je suis arrivé trop tard à la gare.

Le professeur: Pourquoi?

Jacques: Je suis allé à la gare à pied. Je croyais que j'avais assez de temps et il faisait beau. Je vois maintenant que j'aurais dû prendre l'autobus. Je suis parti un peu tard de la maison.

Le professeur: Pourquoi?

Jacques: Si je n'avais pas bu ma troisième tasse de café, j'aurais eu le temps d'aller à la gare à pied. Je regrette beaucoup, monsieur. J'arriverai à l'heure à l'avenir.

IX *Rédaction*

Vous avez passé une journée dans une ferme:
1. Où la ferme est-elle située?
2. Comment s'appellent le fermier et sa femme?
3. Quel est votre lien de parenté avec eux?
4. Comment êtes-vous allé(e) à la ferme?
5. Avec qui?
6. A quelle heure y êtes-vous arrivé(es)?
7. Qu'avez-vous fait pendant la journée?
   [a] jouer avec le chien.
   [b] donner à manger aux poules et aux canards.
   [c] aider à ramasser les œufs.
   [d] aider à traire les vaches.
   [e] faire une promenade à cheval.
   [f] causer avec le berger.
   [g] faire un pique-nique, etc.
8. Qu'avez-vous mangé:
   [a] au déjeuner?
   [b] au goûter?
   [c] le soir, avant de partir?
9. A quelle heure avez-vous quitté la ferme?
10. Qu'avez-vous dit au fermier en partant?

Faites une composition en vous servant de ces questions.

X Commencez chaque phrase par: Christophe a dit que: (*style indirect*)
1. "Des charrettes passaient comme je sortais du magasin."
2. "J'ai suivi la charrette de Pierre."
3. "J'ai caché les aiguilles dans le foin."
4. "Elles sont en lieu sûr."
5. "Je n'ai pas pensé à cela."
6. "Je ferai mieux la prochaine fois."

Revision

XI 1. Si vous regardiez maintenant par la fenêtre, que verriez-vous?
 2. Si vous vouliez apprendre à parler espagnol, où iriez-vous?

3. Si vous vouliez apprendre à parler allemand, où iriez-vous?
4. Si vous alliez demain à Paris, que verriez-vous?
5. Si vous étiez au bord de la mer, que feriez-vous?
6. Si vous étiez à la montagne à Noël, que feriez-vous?
7. Si un cambrioleur entrait par la fenêtre au milieu de la nuit, que feriez-vous?
8. Si vous vouliez faire une omelette, quels ingrédients vous faudrait-il?
9. S'il pleuvait, quel vêtement mettriez-vous avant de sortir?
10. Et s'il faisait très froid?

Leçon 15

Marius et la dinde

Marius, le Marseillais vaniteux, revint un jour d'une promenade à la campagne. Il portait un gros sac en plastique, et avait l'air très content.
Son ami Pierre lui demanda:
"Qu'est-ce que tu as dans ton sac, mon ami?"
"J'ai une grosse dinde, et je ne l'ai payée que cinq francs."
"Ce n'est pas possible," dit Pierre. "Elles coûtent au moins trente francs, même quarante. Tu l'as volée peut-être?"
"Mais non," répondit Marius. "Je l'ai payée, mais je vais te raconter comment cela est arrivé.

"Je revenais d'Avignon en voiture. J'étais en pleine campagne. Je regardais le beau paysage, et j'écoutais la radio, quand tout à coup, à un tournant de la route, j'ai vu un jeune homme, assis sur sa moto, et une vieille femme qui se disputaient. J'ai entendu en premier lieu les cris de la vieille: elle disait: 'Je vais faire venir le gendarme. Il vous arrêtera, et l'on vous mettra en prison. Il ne faut pas conduire si vite. Ma pauvre dinde!'

"C'est alors que j'ai remarqué le corps inanimé d'une dinde, au milieu du chemin. J'ai demandé à la vieille ce qui s'était passé et elle m'a expliqué que le jeune homme avait écrasé la dinde. Il passait devant la ferme juste au moment où la dinde traversait la route et il n'avait pas pu s'arrêter à temps.

" 'Je lui ai demandé de me payer trente francs,' a-t-elle ajouté, 'mais il m'a dit qu'il n'a que vingt-cinq francs en poche.'

" 'Mais si je vous donne vingt-cinq francs vous pourrez manger la dinde,' a dit le jeune homme.

" 'Mais non, je ne pourrais pas la manger, je la connaissais trop bien,' a répondu la vieille paysanne. 'Donnez-moi vite trente francs, ou je fais venir la police.'

" 'Mais je n'en ai que vingt-cinq,' a répété le jeune homme.

" 'Ecoutez tous les deux,' ai-je dit. 'Je vais arranger tout cela. Jeune homme, vous n'avez que vingt-cinq francs et il faut payer la dinde trente francs, n'est-ce pas ?'

" 'Oui, monsieur.'

" 'Et vous, madame, vous exigez vos trente francs, et vous ne voulez pas manger votre dinde ?'

" 'Oui, c'est vrai, monsieur.'

" 'Alors, donnez-moi les vingt-cinq francs, monsieur. J'y ajoute cinq et je donne trente francs à la dame. Comme ça elle n'aura pas besoin de faire venir la police et vous pourrez partir. Moi, je prendrai la dinde, puisque ni l'un ni l'autre n'en veut. Au revoir.' "

A ce moment-là, Lydie, l'amie de Marius, entra.

Marius lui raconta toute l'histoire, en se vantant de son intelligence. Sans rien dire, elle retira la dinde du sac, l'examina, et puis, tout en secouant tristement la tête, dit à Marius:

"Mon pauvre copain, on vous a trompé. Cette dinde est vieille et immangeable. Elle a au moins cinq ans."

I   1. Où habite Marius ?
     2. Où est Marseille ?
     3. En quoi était le sac que Marius portait ?
     4. Que venait-il de faire ?
     5. Combien avait-il payé la dinde ?
     6. Combien de personnes Marius a-t-il vues ?
     7. Où les a-t-il vues ?
     8. Que faisait-il au moment où il les a vues ?
     9. A quelle distance de Marseille est Avignon ?
   10. Qu'est-ce qu'il y a de remarquable à Avignon ?

II   1. Comment Marius a-t-il su que les deux personnes se querellaient ?
     2. Qu'est-ce que la vieille paysanne menaçait de faire ?
     3. Qu'est-ce que le jeune homme venait de faire ?
     4. Que ferait le gendarme quand il viendrait, d'après la vieille ?
     5. Que faisait la dinde au moment où le jeune homme passait devant la ferme ?

6. Pourquoi celui-ci n'avait-il pas pu s'arrêter à temps ?
7. Qu'est-ce que la vieille a demandé au jeune homme de faire ?
8. Pourquoi n'a-t-il pas pu payer les trente francs ?
9. Qu'est-ce que la paysanne pourrait faire de la dinde, d'après le jeune homme ?
10. Pourquoi la vieille ne voulait-elle pas manger la dinde ?

III
1. Qu'est-ce que Marius a demandé au jeune homme de faire ?
2. Qu'a-t-il donné à la paysanne ?
3. Est-ce que celle-ci en serait contente, à votre avis ? Pourquoi ?
4. Qu'est-ce qu'elle n'aurait plus besoin de faire ?
5. Et le jeune homme, que pourrait-il faire ?
6. Pourquoi serait-il heureux ?
7. Qu'est-ce que Marius a fait de la dinde ?
8. Qu'a-t-il fait quand son amie Lydie est arrivée ?
9. De quoi était-il fier ?
10. Qu'est-ce que Lydie a fait avant de répondre ?
11. Qu'a-t-elle fait en lui parlant ?
12. Comment avait-on trompé Marius ?

IV *Apprenez:*

Marius a demandé à la vieille	ce qui s'était passé.
	ce que le jeune homme avait fait.
	ce qu'elle lui avait dit.

| Pierre a demandé à Marius | ce qui était dans son sac. |
| | ce qu'il avait dit à la vieille. |

V Le jeune homme raconte à son ami(e) ce qui lui est arrivé la veille.

VI *Faites l'accord:*
1. Combien avez-vous payé la dinde ?
   — Je l'ai pay- cinq francs.
2. Tu n'as pas pay- la dinde. Tu l'as vol-.
3. Où avez-vous vu ces deux personnes ?
   — Je les ai v- au tournant de la route.
4. La dinde qu'il avait tu- était au milieu de la route.
5. La route que la dinde avait travers- passait devant la ferme.

6. Marius a pris les vingt-cinq francs et les a donn– à la vieille.
7. Il a sais– la dinde et l'a mis– dans un sac en plastique.
8. Marius a attend– son amie Lydie, et enfin elle est arriv–.
9. Elle a examin– la dinde qu'elle avait retir– du sac.

VII *Phrases à étudier*
1. Marius a regardé la vieille femme et le jeune homme.
2. Il a écouté leur conversation.
3. Il a demandé la dinde.
4. Il a cherché de l'argent dans sa poche.
5. Il a payé la dinde.
6. Il a attendu l'arrivée de Lydie.

VIII

[a] Le jeune homme venait	de	faire une promenade à moto.
		tuer une dinde.
[b] La vieille dame venait		sortir de la ferme.
	d'	accuser le jeune homme.

[c] Marius venait | de faire une promenade en voiture.
| d'acheter une dinde.

Qu'est-ce que (le jeune homme) venait de faire?

Revision

IX

un gros sac	un vieux paysan	un nouveau chapeau
une grosse dinde	un vieil arbre	un nouvel ami
	une vieille paysanne	une nouvelle moto
un beau paysage	une vieille dinde	
un bel arbre		
une belle ferme		

X *Phrases à étudier*
[a] Le jeune homme aurait dû payer la dinde.
Il n'aurait pas dû conduire si vite.
La vieille dame aurait dû accepter les vingt-cinq francs.
Elle n'aurait pas dû menacer le jeune homme.

[b] Le jeune homme n'a pas pu | s'arrêter à temps.
                                   | manger la dinde.
                                   | payer la dinde.

[c] Je n'en ai que vingt-cinq.
     Ni l'un ni l'autre n'en veut.
     Sans rien dire

[d] En premier lieu = d'abord
     Il faut payer la dinde trente francs.
     Tout en secouant tristement la tête

XI Quand est-ce qu'on fait venir: la police, les pompiers, une ambulance, un médecin, un garagiste, un jardinier, un électricien, un architecte, un serrurier, un plombier?

XII *Ecrivez le passé historique de:*
revenir, répondre, raconter.

XIII *Ecrivez dans le discours indirect:*
Modèle
"J'ai une grosse dinde, et je l'ai payée cinq francs," a dit Marius.
Marius a dit qu'il avait une grosse dinde et qu'il l'avait payée cinq francs.

1. "J'ai vu un jeune homme et une vieille femme, et j'ai entendu des cris," a-t-il ajouté.
2. "Qu'est-ce qui s'est passé?" a-t-il demandé à la vieille. "Qu'est-ce que le jeune homme a fait?"
3. "Le jeune homme a écrasé la dinde," a expliqué la vieille.
4. "Je vais faire venir le gendarme. Il vous arrêtera et l'on vous mettra en prison," a-t-elle dit au jeune homme.
5. "Je ne peux pas payer la dinde, puisque je n'ai que vingt-cinq francs," a expliqué celui-ci.
6. "Donnez-moi les vingt-cinq francs," a dit Marius au jeune homme. "Je donnerai trente francs à la dame et vous pourrez partir."
7. "Qu'est-ce qu'il y a dans votre sac?" a demandé Pierre.
8. "On vous a trompé," a dit Lydie à Marius.

XIV *Rédaction*

Ecrivez une lettre à un ami. Vous expliquez pourquoi vous n'avez pas pu le voir récemment. Vous avez été malade. Vous l'invitez à vous accompagner au théâtre (cinéma, opéra). Quand? D'abord vous dînerez ensemble. Où? Indiquez-lui quel autobus ou quel train il pourra prendre, où vous allez le rencontrer et ce que vous allez voir.

Conversation entre amis

Bernard: On va au match de football au Stade Colombes samedi prochain, n'est-ce pas?

Paul: Mais oui, bien sûr. Je peux y aller. Je n'ai rien d'autre à faire.

Henri: Je ne peux pas y aller, malheureusement. Je dois aller chez ma tante.

Paul: Tant pis, Henri. On joue contre l'Allemagne de l'Ouest. Ça doit être bien plus intéressant que samedi dernier. Mais en tout cas tu peux nous accompagner au cinéma, samedi soir, n'est-ce pas?

Henri: Oui, oui, je serai de retour à six heures. Alors je vous verrai tous les deux devant le Gaumont à huit heures.

Bernard: Entendu, mais n'oublie pas que c'est le Gaumont, place Clichy. Samedi dernier tu t'es trompé de cinéma, et nous avons dû t'attendre pendant trois quarts d'heure. Nous ne t'attendrons plus cette fois. Tu es vraiment trop distrait. Tu travailles trop pour ton bac.

Henri: Zut, alors. Tu m'accuses d'être distrait quand c'est toi qui oublies toujours où tu as garé ta moto. A samedi soir.

Bernard: Au revoir; et toi, Paul, où est-ce que je te verrai, samedi après-midi?

Paul: Je t'attendrai place St.-Michel devant la station de métro, à une heure et demie.

Bernard: Entendu. Ne sois pas en retard. Au revoir.

Leçon 16

Un chien de berger intelligent

Un Américain, voyageant en Alsace, fut attiré par la beauté d'un chien de berger alsacien appartenant à un vieux paysan. Il en demanda le prix au paysan qui, d'abord, voulut savoir ce qu'il ferait de l'animal.

"Je l'emmènerai aux Etats-Unis."

"Oh, impossible, monsieur," répondit le paysan, "je ne veux pas me séparer de mon chien."

Un touriste français s'approcha et, à la stupéfaction de l'Américain, réussit à acheter le chien pour une somme inférieure. Plein d'indignation, l'Américain fit de vifs reproches au vieillard:

"Vous m'avez dit que vous ne vouliez pas vendre votre chien."

"Non, non!" dit en souriant l'Alsacien. "J'ai dit seulement que je ne voulais pas m'en séparer. Je suis sûr qu'il reviendra sous peu. Mais si je vous l'avais vendu, il n'aurait jamais pu traverser l'Atlantique à la nage."

I 1. Pourquoi le chien a-t-il attiré l'attention de l'Américain ?
2. A qui était le chien ?
3. Quelle espèce de chien était-ce ?

4. Qu'est-ce que l'Américain a demandé au paysan?
5. Que ferait-il de l'animal s'il l'achetait?
6. Qu'est-ce que le paysan lui a répondu? (*style indirect*)
7. A qui le paysan a-t-il vendu son chien?
8. Le touriste français a-t-il offert autant d'argent que l'Américain?
9. Quelle a été la réaction de l'Américain?
10. Pourquoi le paysan avait-il vendu son chien au Français?
11. Pourquoi aurait-il perdu son chien s'il l'avait vendu à l'Américain?
12. Que ferait l'animal dans quelques jours?
13. Où est l'Alsace? Dans le nord de la France?
14. Que fait un berger?
15. Que fait son chien?
16. Qu'est-ce que c'est qu'un paysan?

II *Etudiez ces phrases:*
1. Le paysan demanda: "Que ferez-vous de l'animal, si je vous le vends?"
   Il demanda ce que l'Américain ferait de l'animal, s'il le lui vendait.
2. L'Américain dit: "J'emmènerai le chien aux Etats-Unis."
   Il dit qu'il emmènerait le chien aux Etats-Unis.
3. Le paysan dit: "Je suis sûr que le chien reviendra."
   Il dit qu'il était sûr que le chien reviendrait.
4. Le paysan dit: "Je ne veux pas me séparer de mon chien."
   Il dit qu'il ne voulait pas se séparer de son chien.

III *Ecrivez le passé historique de:*
s'approcher, être, avoir, réussir.

IV *Apprenez:*
[a] Le chien appartient maintenant à un touriste français.
Auparavant il appartenait à un Alsacien.
L'Alsace appartient maintenant à la France.
Auparavant (entre 1871 et 1919, et de nouveau entre 1940 et 1944) l'Alsace appartenait à l'Allemagne.

[b] On peut traverser la Manche | en bateau.
en canot.
en avion.
en hélicoptère.
en aéroglisseur.
à la nage.

V Un matin, Monsieur Masson n'entendit pas le réveil.
Il se leva trop tard.
Il partit sans prendre son petit déjeuner.
Il oublia son parapluie.
Il pleuvait et il fut bientôt mouillé jusqu'aux os.
Il s'enrhuma.
En arrivant à destination, il descendit vite du train.
Il y laissa sa serviette.
Il perdit des papiers très importants.
Il arriva en retard au bureau.
Son patron le gronda.
Il était très malheureux.

Modèle

Si Monsieur Masson avait entendu le réveil, il ne se serait pas levé
trop tard.
S'il s'était levé à temps il ne serait pas parti sans petit déjeuner, et il
n'aurait pas oublié son parapluie.

[a] *Finissez ces phrases:*
1. S'il n'avait pas oublié son parapluie, . . .
2. S'il n'avait pas été mouillé, . . .
3. S'il n'était pas descendu vite, . . .
4. S'il n'y avait pas laissé sa serviette, . . .
5. S'il n'était pas parti de la maison très tard, . . .
6. S'il n'était pas arrivé si tard au bureau, . . .

[b] Rewrite as if you were Monsieur Masson:
"Si j'avais entendu le réveil, je ne me serais pas levé trop tard,"
etc.

VI *Modèle*

En quoi est votre (montre)?[1]
— Elle est en or.
Depuis combien de temps la portez-vous?
— Je la porte depuis —.
L'avez-vous achetée vous-même?
— Non, mon père me l'a achetée.

[1]1. votre cravate
 2. votre écharpe
 3. votre pardessus *ou* votre manteau
 4. votre serviette
 5. votre stylo
 6. votre porte-monnaie
 7. votre mouchoir
 8. vos chaussures
 9. vos gants

VII Mes deux chiens m'obéissent toujours.
Que feraient-ils donc si je leur disais:
 1. de s'asseoir?
 2. de se lever?
 3. de courir dans la rue?
 4. d'attaquer un voleur?
 5. de porter mon panier et mon journal?
 6. d'aller dans le jardin?
 7. de ne pas sauter sur le mur du jardin?
 8. de ne pas chasser le chat?
 9. de ne pas aboyer?
 10. de venir s'asseoir à côté de moi?

VIII (*Les élèves se posent des questions et y répondent.*)
 1. De quelle nationalité est . . . ?
 2. Quelle est la capitale de . . . ?
 3. Quelle langue parle-t-on en . . . (au . . .)?
 4. Comment s'appellent les habitants de . . . ?
 5. Quel pays se trouve au (nord) de . . . ?
 (*Le professeur fournira le nom de l'individu et du pays.*)

1. Le cambrioleur va sortir. Son chien ne doit pas le suivre. Pourquoi?
2. Le chien saute par la fenêtre. Pourquoi?
3. Il regarde son maître. Que fait celui-ci?
4. Il aboie devant la bijouterie. Pourquoi? Qui s'approche?
5. Le cambrioleur sort par une fenêtre de derrière. Pourquoi?
6. L'agent arrive devant la maison du cambrioleur. Pourquoi?

IX [a] Posez des questions sur les images.
  [b] Ecrivez l'histoire au passé:
    "Un soir un cambrioleur a décidé . . . "

Jeu télévisé II

Le présentateur: Bonjour, Monsieur Dupont. Enchanté de vous revoir. Puisque vous avez gagné la semaine dernière vous pouvez choisir votre sujet — tiré de l'histoire de France, bien entendu.

Jacques: Merci, monsieur. C'est la Révolution française que je choisis.

Le présentateur: Bon. Voilà la première question, en quatre parties. C'est facile.

1° Quelle est la date de la Révolution française ?

2° Pourquoi y a-t-il une fête nationale le 14 juillet ?

3° Quelle chanson célèbre est devenue l'hymne national de France ?

4° Comment s'appelait la reine de France à cette époque ?

Jacques: La Révolution a débuté en 1789. Le 14 juillet le peuple a attaqué la Bastille, la grande prison au centre de Paris, et l'a prise. Tous les ans, ce jour-là, on danse dans les rues; il y a les feux d'artifice partout, et un défilé militaire aux Champs-Elysées. L'hymne national c'est *La Marseillaise*, composé en 1792 par Rouget de Lisle. La femme du roi Louis XVI s'appelait Marie-Antoinette.

Le présentateur: C'est exact. Voilà la deuxième question. Quand la première République a-t-elle été proclamée, et à la suite de quelle grande victoire ?

Jacques: Elle a été proclamée en septembre 1792, le lendemain de la bataille de Valmy, quand les révolutionnaires ont arrêté l'armée prussienne.

Le présentateur: Oui, et la troisième. Qu'est-ce que la Convention ?

Jacques: C'était le premier gouvernement républicain (de 1792-95), dont les chefs étaient Robespierre et Danton. Les députés ont été élus par le peuple. Il n'y avait plus de roi. En effet, Louis XVI a été guillotiné en janvier 1793.

Le présentateur: Qu'est-ce que la Convention a réalisé ?

Jacques: Elle a fait face à tous les ennemis de la République. Elle a repoussé les armées étrangères, et a réprimé cruellement tous ceux qui n'étaient pas assez révolutionnaires. Même Robespierre et Danton ont été guillotinés.

Cependant la Convention a aussi créé le système métrique et le système monétaire, c'est à dire le franc, et a fondé de grandes écoles.

Le présentateur: Il a gagné encore une fois. Dites, monsieur, qu'allez-vous faire dans la vie ?

Jacques: Je veux être professeur d'histoire.

Le présentateur: Alors, tout s'explique. Voici encore une enveloppe qui contient votre prix. Ouvrez-la à la maison pour ne pas faire de jaloux.

X *Modèle*

Le peuple français a pris la Bastille.

La Bastille a été prise par le peuple français.

1. Rouget de Lisle a composé *La Marseillaise*.
2. On a proclamé la première République en 1792.
3. Les révolutionnaires ont arrêté l'armée prussienne à Valmy.
4. Le peuple français a élu les députés de la Convention.
5. On a guillotiné le roi Louis XVI.
6. La Convention a créé le système métrique et le système monétaire.
7. Elle a aussi fondé de grandes écoles.

Leçon 17

Trêve de Noël   (1)

(Il s'agit de Madame Fellmann et de son fils Karl.)

Quand on frappa à notre porte en cette nuit de Noël 1944, nous étions loin de nous attendre, maman et moi, au miracle qui allait s'accomplir sans bruit sous notre toit.

J'avais douze ans, et nous habitions dans une maisonnette, près de la frontière belge. Avant la guerre, mon père venait y passer des fins de semaine pour chasser. Il nous y avait installés quand les alliés commencèrent à bombarder Aix-la-Chapelle où nous demeurions. Lui-même était mobilisé dans la Défense passive à Monschau, ville frontière située à six kilomètres de là.

"Vous serez en sécurité dans ces bois," m'avait-il dit. "Prends bien soin de ta mère. Tu es maintenant l'homme de la famille."

Mais depuis une semaine déjà le maréchal von Rundstedt avait lancé la dernière offensive allemande de la guerre, et la bataille des Ardennes faisait rage aux environs. Nous entendions jour et nuit tonner les canons; les avions volaient au-dessus de nos têtes; la nuit, les projecteurs balayaient les ténèbres. Tout près, les soldats allemands et alliés luttaient.

Dès que nous entendîmes frapper, maman alla ouvrir la porte. Dehors, pareils à des fantômes dans la forêt couverte de neige, apparurent deux soldats casqués. L'un d'eux s'adressa à maman en une langue que nous ne comprenions pas, montrant du doigt un troisième homme étendu dans la neige. Ma mère comprit avant moi que c'étaient des soldats américains ... des ennemis!

Immobile et silencieuse, une main posée sur mon épaule, elle hésita un instant. Ces hommes étaient armés et auraient pu entrer de force. Mais ils ne bougeaient pas et nous interrogeaient du regard. Quant au blessé, il semblait plus mort que vif.

"Kommt 'rein" (entrez), dit-elle enfin.

Les soldats entrèrent, portant leur camarade blessé qu'ils étendirent sur mon lit.

Aucun d'eux ne comprenait l'allemand. Maman essaya de parler français, et l'un des Américains put converser laborieusement avec elle dans cette langue. Tout en s'occupant du blessé, ma mère me dit:

"Ils ont les doigts tout gelés. Aide-les à ôter leurs vareuses et leurs bottes, et apporte un seau plein de neige."

Un peu plus tard, je massais avec de la neige leurs pieds bleus par le froid.

Nous sûmes bientôt que le gars brun et trapu s'appelait Jim, et son camarade grand et mince, Robin. Harry, le blessé, dormait maintenant dans mon lit, le visage plus blanc que la neige qui recouvrait la terre. Ces trois hommes, qui avaient perdu leur bataillon, erraient depuis trois jours dans la forêt, essayant de retrouver les Américains et se cachant des Allemands. Ils n'étaient pas rasés, mais sans leurs lourdes capotes, ils ressemblaient quand même à de grands garçons, et ma mère les traita comme tels. *(à suivre)*

I 1. Quand cet incident a-t-il eu lieu? *(en toutes lettres)*
2. Est-ce que c'était pendant la première ou la deuxième guerre mondiale?
3. Madame Fellmann était-elle Française?
4. Combien de fils y avait-il à la maison?
5. Pourquoi le père avait-il acheté cette maisonnette dans la forêt?
6. Où demeuraient-ils en temps de paix?
7. Pourquoi avaient-ils quitté Aix-la-Chapelle?
8. La maisonnette était-elle au centre de l'Allemagne?
9. Pourquoi le père n'était-il pas à la maison?
10. A quelle distance de la maison était-il?

II 1. Qu'est-ce que le père avait dit à son fils Karl de faire, pendant son absence?
2. Depuis combien de temps la bataille des Ardennes faisait-elle rage?
3. Qui était le maréchal von Rundstedt?
4. Nommez trois nations qui faisaient partie des "Alliés".
5. Quels bruits la mère et le fils entendaient-ils jour et nuit?
6. Qu'est-ce qu'ils voyaient la nuit?
7. Pourquoi se servait-on de projecteurs?
8. La bataille était-elle encore bien loin de la maisonnette?
9. Qu'est-ce qu'on a entendu tout à coup?
10. Qu'est-ce que Madame Fellmann a vu après avoir ouvert la porte?

III 1. A quoi ressemblaient les deux soldats?
2. Comment le fils Karl savait-il que les soldats n'étaient pas de la même nationalité que lui?
3. De quelle nationalité étaient-ils?
4. Pourquoi le troisième soldat était-il étendu par terre?
5. Pourquoi Madame Fellmann était-elle très surprise de voir des soldats américains?
6. A-t-elle répondu tout de suite?
7. Pourquoi ces soldats étaient-ils venus à la maison?
8. Qu'est-ce que ces soldats auraient pu faire?
9. Dans quel état se trouvait le blessé?
10. Qu'est-ce que Madame Fellmann a invité les soldats à faire?

IV 1. Comment le blessé est-il entré dans la maison?
2. Est-ce qu'il s'est assis dans un fauteuil?
3. Est-ce que tous les Américains savaient parler allemand?
4. Combien d'entre eux savaient parler français?
5. Qu'est-ce que Karl a aidé les soldats à faire?
6. Pourquoi?
7. Pourquoi avaient-ils les doigts gelés?
8. Que faisait Madame Fellmann pendant ce temps?
9. Qu'a-t-elle dit à son fils d'apporter?
10. Qu'a-t-il fait avec la neige? Pourquoi?

V 1. Comment s'appelaient les trois Américains ?
 2. Comparez la taille de Jim et de Robin.
 3. Pourquoi Harry était-il si pâle ?
 4. Il était couché. Que faisait-il ?
 5. Depuis combien de temps erraient-ils dans la forêt ?
 6. Pourquoi ?
 7. Pourquoi se cachaient-ils des Allemands ?
 8. Pourquoi la mère les traitait-elle comme de grands garçons ?
 9. Pourquoi ne s'étaient-ils pas rasés ce matin-là ?
 10. Est-ce qu'ils portaient toujours leurs capotes ?

VI *Vocabulaire*

[a] s'adresser à   = parler à
   s'attendre à   = *to expect*
   les ténèbres   = l'obscurité
   pareils à des fantômes = qui ressemblaient à des fantômes
   quant à   = *as for*
   lutter   = se battre

[b] le soin (prendre soin de, avoir soin de)
   soigner (un malade)
   soigneusement = avec soin

un balai	un ennui	hésiter	blesser
balayer	ennuyer	l'hésitation	blessé
			la blessure

| boire | tonner | lutter |
| une boisson | le tonnerre | une lutte |

[c] quant au blessé
   plus mort que vif
   Aucun d'eux ne comprenait l'allemand.
   tout en s'occupant du blessé
   Aide-les à ôter leurs bottes.
   Ils erraient depuis trois jours dans la forêt.

VII *Faites des phrases:*

[a] Ils avaient | le visage | bleui par le froid.
| | blanc comme la mort.

les larmes aux yeux.
les cheveux blonds, noirs.
les yeux fatigués.
les doigts gelés.

[b] Ils auraient pu | entrer de force.
| voler de la nourriture.
| tuer la femme et son fils.
| mettre le feu à la maison.

[c] La mère s'occupait du blessé.
Son fils s'occupait des autres invités.

VIII *Dictée*

1. Le père les y avait installés pour éviter les bombardements.
2. La dernière offensive allemande de la guerre avait été lancée dans les Ardennes.
3. Les trois hommes qu'elle a vus après avoir ouvert la porte ressemblaient à des fantômes.
4. Ces hommes étaient armés et auraient pu entrer de force.
5. Ils ne bougeaient pas et nous interrogeaient du regard.
6. Sans leurs lourdes capotes, ils ressemblaient à de grands garçons, et ma mère les a traités comme tels.

IX *Rédaction*

L'hiver dernier vous avez fait une promenade avec trois ami(e)s dans une forêt. Il a commencé à neiger et vous avez perdu votre chemin, mais enfin vous avez trouvé une vieille chaumière — meublée mais inhabitée. Racontez ce que vous avez fait pour faire un feu, etc., combien de temps vous êtes resté(e)s là, comment et quand vous avez retrouvé le chemin.

X *Ecrivez le passé historique de:* savoir, apparaître, étendre, essayer.

Le scooter neuf (1)

(*Jean arrive à scooter.*)

Jean: Bonjour, Monique. Ça va?

Monique: Ça va bien, mais ce scooter neuf, tu es trop jeune pour le conduire.

Jean: Mais non, j'ai seize ans et je viens de passer le permis de conduire. Je l'ai réussi à la première tentative. Tu veux faire une promenade avec moi?

Monique: Volontiers, mais qui te l'a acheté, ce scooter?

Jean: C'est mon père. Il me l'a promis il y a un an, si j'avais de bonnes notes à l'école. Alors cela valait la peine de bien travailler, tu comprends.

Monique: Mais oui, mais où allons-nous?

Jean: J'ai toujours voulu aller à Barbizon dans la forêt de Fontainebleau, où habitaient les peintres. Ça te dit quelque chose?

Monique: Oui, d'accord. Je vois que tu as tout ce qu'il faut: un casque protecteur, des lunettes protectrices, des gants de cuir.

Jean: Oui, ma mère m'a acheté les gants et les lunettes. Alors monte derrière et l'on part.

(*à suivre*)

Revision

XI Quels vêtements mettriez-vous:

1. Si vous alliez vous baigner?
2. Si vous alliez jouer au tennis?
3. S'il faisait très froid?
4. S'il faisait très chaud?
5. S'il pleuvait?
6. S'il faisait de la neige?
7. Si vous alliez vous coucher?

Leçon 18

Trêve de Noël (2)

"Va vite m'apporter Hermann," me dit ma mère "et apporte six pommes de terre."

Hermann était un coq bien gras que nous engraissions depuis quatre semaines dans l'espoir que papa serait des nôtres pour la nuit de Noël. Nous l'avions plumé la veille. Il nous restait aussi un œuf, un peu de farine, et quelques pommes de terre.

Pendant que Jim et moi, nous aidions à préparer le repas, Robin s'occupait de Harry, qui, frappé par une balle, avait perdu énormément de sang. Maman découpa un drap de lit afin de bander la blessure.

Bientôt, l'odeur tentante du poulet rôti à la casserole envahit la pièce. J'étais en train de mettre le couvert quand on frappa de nouveau à la porte. Croyant que c'étaient d'autres Américains égarés, j'ouvris sans hésiter et je vis quatre soldats dont les uniformes m'étaient bien familiers depuis cinq ans de guerre: des soldats de la Wehrmacht, les nôtres!

La terreur me figea sur place. Je n'étais qu'un enfant, mais je connaissais la dure loi de la guerre: héberger des soldats ennemis était un crime de haute trahison, et nous pouvions tous être fusillés. Maman eut peur, elle aussi. Elle pâlit soudain. Pourtant elle sortit et dit tranquillement aux nouveaux venus:

"*Fröhliche Weihnachten !*" (Joyeux Noël).

Les soldats lui souhaitèrent, à leur tour, un joyeux Noël.

"On a perdu notre régiment," expliqua le caporal. "Est-ce qu'on peut se reposer ici jusqu'à demain matin?"

"Bien sûr," répondit ma mère avec un calme né de sa panique même. "Et je peux vous offrir un bon repas. Vous mangerez tant que vous voudrez."

Les Allemands sourirent en humant par la porte entr'ouverte l'odeur du poulet rôti.

"Mais je vous préviens," ajouta-t-elle d'un ton ferme, "nous avons trois autres convives que vous n'allez peut-être pas considérer comme des amis."

Et d'une voix sévère que je ne lui connaissais pas, elle ajouta:

"Ce soir, c'est Noël, et je ne veux pas de coups de feu ici."

"Qui avez-vous là ?" demanda le caporal. "Des Américains ?"

Maman fixa tour à tour les quatre visages bleuis de froid.

"Ecoutez," dit-elle lentement. "Vous pourrez être mes enfants, et ces trois-là aussi. L'un d'eux est blessé et il lutte en ce moment contre la mort; ses deux camarades, perdus comme vous, sont tout aussi épuisés et affamés."

Et, s'adressant au caporal en haussant un peu la voix, elle ajouta:

"C'est la nuit de Noël, on ne se tue pas."

Le caporal la regardait fixement. Il y eut deux ou trois secondes de silence, qui parurent interminables, puis ma mère coupa court à toute discussion.

"Assez parlé," déclara-t-elle. "Déposez donc vos armes sur ce tas de bois et dépêchez-vous de venir manger."

Les quatre soldats déposèrent leurs armes sur le tas de bois juste à côté de la porte d'entrée; deux pistolets, trois fusils, une mitrailleuse. Pendant ce temps, ma mère disait quelques mots en français à Jim, qui

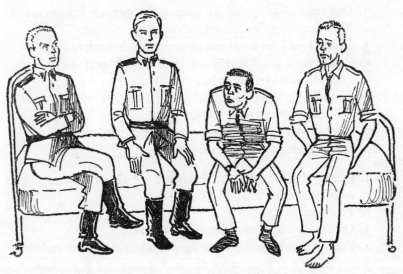

les répéta à ses camarades et, à ma stupéfaction, je vis les jeunes Américains remettre, à leur tour, leurs armes à ma mère.

Dans la petite pièce, Allemands et Américains étaient maintenant coude à coude, nerveux et gênés. Ma mère, alors, fut sublime; elle s'occupa de placer tout son monde. Nous n'avions que trois chaises, mais le lit de maman était grand: elle y fit asseoir deux des nouveaux venus, à côté de Jim et de Robin.

(à suivre)

I 1. Qu'est-ce que Madame Fellmann a dit à son fils d'apporter?
   2. Qui était Hermann?
   3. Depuis combien de temps l'engraissaient-ils?
   4. Qu'est-ce qu'on lui avait déjà fait?
   5. Qu'est-ce que Madame Fellmann avait espéré pour Noël?
   6. Pour qui allait-elle donc faire cuire le coq?
   7. Qu'est-ce qu'il leur restait aussi comme nourriture?
   8. Pourquoi Harry avait-il perdu tant de sang?
   9. Avec quoi Madame Fellmann a-t-elle bandé la blessure?
  10. Que faisaient Jim et Karl pendant qu'on soignait le blessé?

II 1. Est-ce qu'on était en train de faire bouillir le poulet?
   2. Dans quoi l'avait-on mis?
   3. Que faisait Karl quand il a entendu frapper une deuxième fois?
   4. Expliquez ce qu'on fait quand on met le couvert.
   5. Quelle idée Karl a-t-il eue en entendant le bruit?
   6. Combien de soldats a-t-il vus en ouvrant la porte?
   7. De quelle nationalité étaient-ils cette fois?
   8. Comment le jeune Allemand savait-il cela?
   9. Est-ce que c'était pour lui des ennemis?
  10. Depuis combien de temps était-on déjà en guerre?
  11. En quelle année était-on alors?

III 1. Quelle réaction Madame Fellmann a-t-elle eue en voyant les Allemands?
   2. Pourquoi?
   3. Qu'a-t-elle souhaité aux nouveaux venus?
   4. Pourquoi les quatre Allemands étaient-ils venus à la maison?
   5. Qu'est-ce que le caporal a demandé à la mère? *(style indirect)*

6. Qu'est-ce qu'elle leur a offert?
7. Pourquoi les Allemands ont-ils souri?
8. Qu'est-ce qu'elle leur a défendu de faire?
9. Pourquoi?
10. Comment a-t-elle décrit la condition des Américains? (*style indirect*)

IV 1. Qu'est-ce que Madame Fellmann a ordonné aux Allemands de faire avant d'entrer chez elle?
2. Quelles armes portaient-ils?
3. Quelle est la différence entre un fusil et une mitrailleuse?
4. A-t-elle permis aux Américains de garder leurs armes? Imaginez ce qu'elle leur a dit pour expliquer la situation.
5. Pourquoi à votre avis les Allemands ont-ils consenti à déposer leurs armes?
6. Quelle a été la réaction de Karl quand les Américains ont déposé leurs armes? Pourquoi?
7. Comment étaient les sept soldats quand ils étaient tous ensemble dans la petite pièce?
8. La mère semblait-elle nerveuse?
9. De quoi s'est-elle occupée d'abord?
10. Combien de chaises y avait-il dans la maison?
11. Comment a-t-elle réussi à faire asseoir tout le monde?
12. De quelle qualité a-t-elle fait preuve?

V *Vocabulaire*

[a]
égaré	= perdu
afin de	= pour
figer	= fixer, paralyser
prévenir	= avertir
un convive	= un invité, quelqu'un qu'on a invité
héberger	= laisser entrer dans la maison pour se reposer
la trahison	= *treason*
épuisé	= très fatigué
affamé	= quand on a très faim
un tas	= une pile
gêné	= mal à l'aise, embarrassé
la stupéfaction	= la grande surprise (le même mot en anglais)

[b] hausser | la voix   à leur tour
    baisser | tour à tour

un fusil	pâle	blanc	rouge	jaune
fusiller	pâlir	blanchir	rougir	jaunir
noir	bleu	la lutte		
noircir	bleuir	lutter		

[c] un coup de | feu
              | pied
              | poing

[d] d'un ton ferme
    d'une voix sévère

VI *Apprenez:*
    [a] Je vous souhaite | la bienvenue.
                        | de bonnes vacances.
                        | un bon voyage.
                        | un joyeux Noël.
                        | une heureuse année.
                        | beaucoup de succès.

    [b] Je ne veux pas de coups de feu.
        Nous n'avions que trois chaises.
        Nous engraissions le coq depuis quatre semaines.
        La bataille faisait rage depuis une semaine.
        Les uniformes m'étaient familiers depuis cinq ans de guerre.

VII *Faites des phrases:*
    [a] Elle leur a | ordonné | de déposer leurs armes.
                 | dit | d'oublier la guerre pour la nuit de Noël.
                 | demandé | de s'asseoir à côté des Américains.
                           | de l'aider à préparer le dîner.
                           | de soigner le blessé.
                           | de ne pas tirer de coups de feu.
                           | de ne pas se battre.

[b] Elle les a invités à | entrer chez elle.
dîner avec nous.
manger tant qu'ils voudraient.
se reposer pendant la nuit.

Ecrivez [a] et [b] dans le discours direct: e.g. "Déposez vos armes."

VIII *Dictée*
1. Les trois soldats qu'elle avait hébergés étaient des ennemis.
2. La mère est sortie et a souhaité un joyeux Noël aux nouveaux venus.
3. "Ses deux camarades, perdus comme vous, sont tout aussi épuisés et affamés," a-t-elle dit.
4. Ils ont pris leurs armes et les ont déposées sur le tas de bois.
5. Tous les soldats étaient nerveux et gênés.
6. La mère, souriante, s'est occupée à placer tout son monde.
7. Le fils a trouvé six pommes de terre dans l'office et les a portées à sa mère.

IX *Rédaction*
Racontez comment vous avez passé la journée de Noël l'année dernière.

X *Ecrivez le passé historique de :*
voir, ouvrir, avoir, sourire, déposer.

Le scooter neuf (2) : *En route*

Monique: Fais attention, Jean. Tu as failli passer les feux rouges.
Jean: Oui, en effet. Il est difficile de les voir quand le soleil brille. (*A ce moment-là un motard (un agent à moto) arrive à côté des deux jeunes gens et leur fait signe de s'arrêter.*)
Le motard: Bonjour, jeune homme. Votre permis de conduire, s'il vous plaît. Vous avez failli passer les feux rouges, et n'avez-vous pas remarqué qu'il faut conduire ici à moins de 20 kilomètres à l'heure ?
Jean: Voici mon permis, monsieur. Je m'excuse. Je ferai plus attention à l'avenir.

Le motard: Bon, mais n'oubliez pas que vous aurez une amende en cas de vitesse excessive. Faites bien attention. (*Il part.*)

Monique: Il est chic, ce flic, n'est-ce pas ?

Jean: Oui, il aurait pu me coller une amende. Allons, en route.

(*Une heure plus tard*)

Monique: Il est vraiment agréable de rouler dans la forêt. Il ne fait pas si chaud. Mais regarde tous ces grands rochers. Je ne les ai jamais vus auparavant.

Jean: Oui, c'est très intéressant. On m'a dit que pendant la dernière période glaciaire les glaciers sont arrivés jusqu'ici. Et voilà la ligne des immenses rochers qui marquent la fin de l'invasion glaciaire.

(*à suivre*)

Leçon 19

Trêve de Noël (3)

Sans se laisser troubler le moins du monde par l'atmosphère tendue, maman se remit à préparer le dîner. Pendant que je cherchais des pommes de terre dans l'office, j'entendis Harry gémir. Quand je revins, un des Allemands, qui avait mis ses lunettes, examinait la blessure de l'Américain.

"Vous êtes médecin?" lui demanda ma mère.

"Non," répondit-il, "mais il y a quelques mois j'étudiais encore la médecine à Heidelberg."

Dans un anglais qui paraissait correct, il dit aux Américains que le froid avait empêché la blessure de s'infecter. Puis il ajouta:

"Il a perdu beaucoup de sang. Ce qu'il lui faut, c'est du repos et de la nourriture."

Tout le monde était déjà plus à l'aise: la méfiance diminuait. Ces soldats, assis à mes côtés, même moi je les trouvais bien jeunes. Et, de fait, Heinz et Willi, tous deux de Cologne, avaient seize ans. Avec ses vingt-trois ans, le caporal allemand était le plus vieux de tous. Il tira de son sac une bouteille de vin rouge, et Heinz, de son côté, trouva un pain, que maman coupa en petits morceaux pour accompagner notre repas. Mais elle mit de côté la moitié du vin, "pour le blessé".

Puis elle dit le bénédicité. Et je remarquai qu'elle avait les larmes aux yeux en prononçant l'invocation traditionnelle:

"*Komm, Herr Jesus.* Sois notre hôte."

Je regardai autour de moi et je vis aussi des larmes dans les yeux de ces soldats harassés, redevenus de jeunes garçons, tous loin de chez eux, d'Allemagne ou d'Amérique. La guerre était alors bien loin; nous l'avions presque oubliée.

Notre armistice privé se prolongea le lendemain matin. Harry s'éveilla de très bonne heure. Il avait visiblement repris des forces. Avec le seul œuf que nous possédions, le reste du vin du caporal et un peu de sucre, maman lui prépara une boisson. On fabriqua ensuite un brancard pour lui au moyen de deux bâtons auxquels on fixa la plus belle nappe de maman.

Le caporal donna aux Américains des indications sur la façon de regagner leurs lignes. Maman leur rendit alors à tous leurs armes et leur dit:

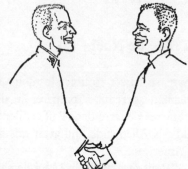

"Soyez prudents, mes petits. J'espère que vous rentrerez tous un jour chez vous. Dieu vous garde!"

Allemands et Américains se serrèrent la main et nous les vîmes s'éloigner puis disparaître dans des directions opposées.

Quand je rentrai je vis que maman lisait la vieille Bible de la famille. Je regardai par-dessus son épaule. Le livre était ouvert au chapitre qui raconte la naissance de Jésus dans la crèche et l'arrivée des Mages, venus d'Orient avec leurs cadeaux. Elle me désigna du doigt le verset final:

" . . . et ils retournèrent dans leur pays par un autre chemin."

(d'après) George Kent, *Trêve de Noël dans le Hürtgenwald*,
Sélection du Reader's Digest

I 1. Qu'est-ce que Madame Fellmann a recommencé à faire?
2. Paraissait-elle énervée?
3. Qu'est-ce que Karl a entendu?
4. Pourquoi Harry gémissait-il?
5. Que faisait l'Allemand quand Karl est revenu?
6. Pourquoi avait-il mis ses lunettes?
7. Qu'est-ce que la mère lui a demandé? (*style indirect*)
8. Etait-il soldat depuis longtemps?
9. En quelle langue a-t-il parlé aux Américains? Pourquoi?
10. Où est Heidelberg?

II   1. La blessure était-elle infectée?
2. De quoi le blessé avait-il besoin?
3. Pourquoi?
4. Est-ce que l'atmosphère devenait de plus en plus tendue?
5. Quel âge avaient Heinz et Willi?
6. Le caporal était-il plus jeune qu'eux?
7. Où est Cologne? Sur quel fleuve?
8. Comment les Allemands ont-ils contribué au repas?
9. La mère a-t-elle versé tout le vin pendant le repas?
10. Qu'a-t-elle fait du pain?

III   1. Quand Madame Fellmann a-t-elle dit le bénédicité?
2. Quelle réaction les jeunes hommes ont-ils eue pendant le bénédicité?
3. A quoi pensaient-ils, à votre avis?
4. Pourquoi avaient-ils presque oublié la guerre à ce moment-là?
5. Qu'est-ce que c'est qu'un armistice?
6. Harry était-il encore très malade le lendemain matin?
7. Est-ce qu'il s'est éveillé tard?
8. Qu'est-ce que la mère a mis dans la boisson?
9. A quoi servait le brancard?
10. De quoi s'est-on servi pour le fabriquer?
11. Quel renseignement le caporal allemand a-t-il donné aux Américains?
12. Quel conseil la mère a-t-elle donné aux soldats avant leur départ?
13. Qu'est-ce qu'elle leur a souhaité?
14. Qu'avait-elle déjà fait avant de leur dire "Adieu"?

IV [a]   1. Qu'est-ce que les Allemands et les Américains ont fait avant de partir?
2. Ont-ils suivi le même chemin?
3. Quel livre la mère a-t-elle pris après leur départ?
4. Où Jésus est-il né?
5. Qu'est-ce que les Mages lui ont apporté?

[b] 1. En quelle année la deuxième guerre mondiale a-t-elle débuté?
2. Quand a-t-elle pris fin?
3. Qui se battait aux côtés des Français?
4. Qui se battait aux côtés des Allemands?
5. Quand les Américains se sont-ils décidés à prendre part à la guerre? Pourquoi?

V *Dictée*
1. "Je ne suis pas médecin, mais il y a quelques mois j'étudiais encore la médecine à Heidelberg."
2. La bouteille, que le caporal a retirée de son sac, contenait du vin rouge.
3. Harry s'est réveillé de bonne heure le lendemain.
4. On a pris la plus belle nappe et on l'a fixée entre deux bâtons pour en faire un brancard.
5. Les Allemands et les Américains se sont serré la main.
6. Ils se sont éloignés dans des directions opposées.

VI Après la guerre le caporal allemand a raconté l'incident à sa femme.

VII *Vocabulaire*

bénir = *to bless*   blesser = *to wound*
la bénédiction
le bénédicité = la prière qu'on dit au début d'un repas
la méfiance *est le contraire de* la confiance
se méfier de *est le contraire de* se fier à
se mettre à = commencer à

gémir: on gémit quand on a très mal
un gémissement

perdre	découvrir	étudier
la perte	la découverte	un(e) étudiant(e)
		les études
lutter		
la lutte	gêné = mal à l'aise, embarrassé	

VIII *Faites des phrases:*

[a]

Ils ont vu	balayer le ciel par des projecteurs.
Nous avons vu	passer des avions.
	arriver les Américains.
	pleurer les soldats.
	partir les soldats.

[b]

Ils ont entendu	tonner les canons.
Nous avons entendu	gémir le blessé.
	frapper à la porte.
	dire le bénédicité.

IX *Apprenez:*

[a]

Soyez	la bienvenue.
	prudent.
	tranquille.

[b] *Faites des phrases:*

Robin	s'est mis à	bander la blessure.
Karl		parler aux soldats.
Madame Fellmann		chercher de la nourriture.
s'est mise à		préparer le dîner.

[c]

Les soldats ont dû	passer la nuit avec des ennemis.
	déposer leurs armes.
	s'asseoir tranquillement.
	écouter le bénédicité.
	partir de bonne heure le lendemain.

X 1. "Nous avons perdu notre régiment."
2. "Je ne veux pas de coups de feu ici."
3. "L'Américain lutte contre la mort."
4. "C'est la nuit de Noël."
5. "Le froid a empêché la blessure de s'infecter."
6. "Il a perdu beaucoup de sang."
7. "Il lui faut du repos et de la nourriture."

Modèle
1. Il a dit qu'ils avaient perdu leur régiment.

Complétez les phrases:
2. Elle a dit qu'elle ne voul. . . .
3. Elle a dit que l'Américain . . .
4. Elle a dit que c' . . .
5. L'Allemand a dit que le froid . . .
6. Il a dit qu'il . . .
7. Il a dit qu'il lui f . . .

Le scooter neuf (3): *Panne d'essence*

Monique: Pourquoi est-ce qu'on s'arrête, Jean ?

Jean: Je ne sais pas. Je vais voir. (*Il examine le moteur mais ne trouve rien. Puis tout à coup il s'écrie:*) Zut alors, que je suis idiot! C'est l'essence. Il n'y en a plus. J'ai oublié de vérifier le niveau ce matin.

Monique: Ah, mon pauvre ami. Tu as toujours été distrait. Qu'est-ce que nous allons faire maintenant ?

Jean: Regarde ces gens-là qui font un pique-nique au bord de la route. Ils ont une belle Citroën. (*Il s'adresse au monsieur.*) Je m'excuse de vous déranger mais je n'ai plus d'essence. Vous ne pourriez pas peut-être m'en vendre un peu ?

Le monsieur: Mais non, jeune homme. Je n'ai pas de bidon supplémentaire. C'est trop dangereux. Mais je pourrai vous prendre à la remorque jusqu'au prochain garage.

Jean: Vous êtes bien aimable, monsieur. Mais je vois que vous êtes en train de goûter. Nous vous attendrons. Quand vous serez prêts nous pourrons revenir.

Le monsieur: Mais non. Vous avez l'air fatigué, tous les deux. Venez d'abord goûter avec nous. Vous avez bien soif, j'en suis sûr.

Jean: Merci beaucoup, monsieur. (*Il appelle Monique, et ils s'asseyent tous les deux sur l'herbe.*)

(*à suivre*)

Leçon 20

Au feu!

En septembre 1967 deux garçons d'environ douze ans jouaient dans un champ qui montait en pente assez raide jusqu'à une ferme. Au haut du champ il y avait une meule de foin. Il faisait très beau depuis deux mois et les deux garçons ne purent résister à la tentation de mettre le feu à l'herbe qui était très sèche et très haute en bas du champ. Malheureusement le vent soufflait dans la direction de la ferme et les flammes montèrent vite la pente jusqu'à la meule, qui prit feu aussitôt.

Un garçon de ferme vit la fumée et les flammes et se précipita à la ferme.

"Vite!" s'écria-t-il. "La meule a pris feu."

Le fermier appela Police-Secours et ordonna à ses ouvriers de faire sortir les chevaux de l'écurie et les vaches des étables. Heureusement on put les sauver à temps, mais il fut impossible d'empêcher les flammes de se répandre dans tous les bâtiments de la ferme, même dans la maison du fermier.

Tout à coup la fermière apparut à une fenêtre du premier étage. Elle tenait son petit dans les bras et criait à tue-tête:

"Au secours! Au secours!"

Il n'y avait aucun moyen de l'atteindre, car les échelles de la ferme n'étaient pas assez longues, et on lui disait de sauter quand les pompiers arrivèrent. Ils élevèrent vite la grande échelle, un pompier y monta, saisit le petit garçon et redescendit, suivi de la fermière. Qu'elle était contente d'avoir échappé à la mort!

La ferme cependant fut complètement brûlée. La famille se tint dans la cour et regarda tristement les ruines. Plus tard on découvrit les coupables et on les punit sévèrement. Il est toujours dangereux de mettre le feu à l'herbe.

I   1. En quelle année sommes-nous en ce moment? (*en toutes lettres*)
       2. En quelle année s'est passée cette histoire? (*en toutes lettres*)
       3. Quel âge les deux garçons avaient-ils en 1967?
       4. Quel âge ont-ils aujourd'hui?

5. Où étaient-ils au début de l'histoire?
6. Qu'est-ce qu'il y avait en haut du champ?
7. Qu'est-ce que c'est que le foin?
8. Quel animal mange le foin?
9. Pourquoi l'herbe était-elle sèche?
10. Depuis combien de temps faisait-il beau?

II 1. Qu'est-ce que les deux garçons ont eu l'idée de faire?
2. Pourquoi?
3. Pourquoi la meule a-t-elle pris feu?
4. Pourquoi le garçon de ferme a-t-il couru à la ferme?
5. Qu'a-t-il dit au fermier? (*style indirect*)
6. A qui le fermier a-t-il téléphoné?
7. Qu'est-ce que c'est que "Police-Secours"?
8. Pourquoi les ouvriers ont-ils fait sortir les chevaux et les vaches?
9. Où étaient les chevaux et les vaches?
10. Est-ce qu'on a pu sauver la maison de ferme elle-même?

III 1. Où était la fermière?
2. Etait-elle seule dans la chambre?
3. Que faisait-elle? Pourquoi?
4. Est-ce que le fermier a pu l'aider à descendre? Pourquoi pas?
5. Qu'allait-elle faire quand les pompiers sont arrivés?
6. Qu'ont fait tout de suite les pompiers?
7. Qu'a fait le pompier quand il est arrivé près de la fermière?
8. Qu'a fait la fermière après avoir donné son enfant au pompier?
9. A-t-on réussi à sauver la ferme?
10. Pourquoi est-il dangereux de mettre le feu à l'herbe?

IV *Faites l'accord:*
1. La femme qu'ils avaient vu– à la fenêtre du premier étage criait à tue-tête.
2. L'échelle qu'ils avaient plac– contre le mur n'était pas assez long–.
3. Les flammes se sont répand– à tous les bâtiments.
4. Les pompiers sont vite arriv–.
5. Ils se sont arrêt– devant la ferme.
6. Ils ont élev– la longue échelle qu'ils avaient apport–.

7. La fermière est vite descend–, suiv– du pompier.
8. La ferme a été complètement brûl–.
9. On a découvert les coupables et les a pun– sévèrement.

Revision

V Il fait | très beau.
Il faisait | du soleil.
Il a fait | mauvais.
| du brouillard.
| de la brume.

Il pleut | Il neige
Il pleuvait | Il neigeait
Il a plu | Il a neigé

VI Posez des questions sur les images. (p. 120)
Ecrivez ces questions et les réponses.

VII *Rédaction*
En vous promenant dans la rue, vous avez vu sortir de la fumée d'une fenêtre au troisième étage d'un immeuble. Racontez ce que vous avez fait.

VIII *Complétez ces phrases:*
1. Si les garçons n'avaient pas mis le feu à l'herbe, . . .
2. Si l'herbe n'avait pas été si sèche, . . .
3. Si le vent n'avait pas soufflé dans la direction de la ferme, . . .
4. Si les ouvriers avaient laissé les chevaux dans l'écurie, . . .
5. Si l'échelle du fermier avait été plus longue, . . .

IX *Apprenez:*
[a] Il est dangereux de mettre le feu à l'herbe.
Il était impossible d'empêcher les flammes de se répandre.
Il était possible de sauver la fermière.
Elle était contente d'être sauvée.

[b] Ils ont mis le feu à l'herbe.
La meule a pris feu.

[c] Le fermier a | ordonné | à | ses ouvriers de sauver les animaux.
| dit | | sa femme de sauter.

[d] Il n'y avait aucun moyen de l'atteindre.
Qu'elle était contente!

X *Ecrivez le passé historique de:*
pouvoir, prendre, voir, apparaître, tenir, découvrir.

XI La fermière raconte à une amie comment elle s'est aperçue du feu, ce qu'elle a fait avant l'arrivée des pompiers, et comment on l'a sauvée.

Le scooter neuf (4): *L'invitation*

Le monsieur: Permettez-moi de nous présenter. Je m'appelle Michel Dupuis. Voici ma femme Eloïse, et mes deux enfants, Georges et Simone.

Jean: Enchanté, madame, monsieur. Je suis Jean Charbonnier et voici mon ami, Monique Giraudoux. Vous êtes bien aimable de nous offrir à goûter.

Madame Dupuis: Je vous en prie. Prenez donc tous les deux une tasse de thé et un petit gâteau sec. Cela vous rafraîchira. Vous venez de loin?

Monique: Nous venons de Versailles. Et vous, Madame?

Madame Dupuis: Nous venons de Paris, boulevard Saint-Marcel. Nous allons passer le weekend dans notre villa près de Moret-sur-Loing.

(*Ils causent pendant quelque temps de l'actualité, des sports, du théâtre, et alors Monsieur Dupuis demande à Jean:*)

Monsieur Dupuis: Qu'est-ce que vous voulez faire dans la vie?

Jean: Je veux être avocat, monsieur. J'espère suivre les cours à la Faculté de Droit à Paris, quand j'aurai réussi mon baccalauréat.

Monsieur Dupuis: Et vous, Monique?

Monique: J'ai envie d'être actrice, mais je sais que c'est une carrière très difficile où il y a une concurrence formidable. Tant pis. J'essaierai.

Madame Dupuis: C'est très bien, ça. On ne fait rien dans la vie sans effort. Dites, voudriez-vous nous rendre visite dimanche prochain à notre villa ? Vous pourriez y jouer au tennis avec Georges et Simone.

Monique: Avec grand plaisir, Madame.

Madame Dupuis: Alors voici notre adresse. En arrivant à l'église, suivez l'avenue de la République pendant deux cents mètres, jusqu'à l'Hôtel du Cerf, puis tournez à gauche, et notre rue, c'est la troisième à droite. Il y a un peuplier énorme dans le jardin. Venez à deux heures, si cela vous convient.

Jean: Merci beaucoup, madame.

Madame Dupuis: Et maintenant il faut vous accompagner au garage.

(à suivre)

Leçon 21

Un accident de pêche

Le soir Laurent ferma la porte de la cabane et ils allèrent le long de la rivière. Il y avait des pêcheurs partout. Laurent avait sa canne à pêche, des vers et du blé. Il connaissait une bonne place (une place étroite pour une seule personne). Il s'y installa et dit à Silvère:

"Assieds-toi derrière moi et ne bouge plus. Tu vas voir!"

Silvère voulait une canne, lui aussi. Il fallait le contenter. Il voulait pêcher juste à la place où pêchait son frère. Impossible! Sur ce point, Laurent ne pouvait céder. Il montra une autre place un peu plus loin sur le bord d'un petit canal.

"Mets-toi là, il y a des goujons."

Des goujons, il y en avait peut-être, mais la vraie raison du choix était que l'eau était peu profonde. Même en cas de glissade, aucun danger, là...Et puis Laurent surveillait son petit frère sans avoir besoin de trop détourner la tête et de perdre de vue sa ligne.

A environ trois heures, les poissons commencèrent à mordre. Au premier qu'il tira de l'eau, Laurent appela Silvère.

Silvère n'était plus là. Il jouait un peu plus loin, où l'eau était plus profonde, avec la petite Geneviève de la cabane Mariel. Laurent hésita à aller le chercher. Mais les poissons mordaient; il ne fallait plus perdre de temps. Laurent ne bougea pas. Il cria seulement dans la direction du petit:

"Reviens par ici! N'approche pas de l'eau! Ne descends pas dans un bateau!"

Il prit deux poissons, il prit trois et quatre poissons. Un vieux bonhomme, sur l'autre rive, observa d'un ton jaloux:

"Tu as de la chance, toi."

"Ils mordent bien," répondit Laurent.

Et il tira encore un beau poisson. Un troisième pêcheur, sur la droite, grogna:

"Ce gamin!"

Laurent était au paradis.

Et tout à coup: "Hââ!"

Le bruit d'une chute dans l'eau! Des cris!

Des pêcheurs se levèrent et coururent.

Laurent se leva lui aussi et bondit sur le chemin. Il ne voyait plus ni Silvère ni la petite Geneviève. Il eut si peur que ses jambes fléchirent et qu'il faillit tomber. Et puis il courut le long du canal. En arrivant près de la cabane Mariel, il n'avait plus de souffle pour crier.

Un homme avait déjà sauté dans un bateau. Il se pencha d'un geste vif et se redressa: il tenait la petite Geneviève, ruisselante.

Alors, seulement, Laurent put crier: "Silvère!"

Et il crut devenir fou. Une force le prit, le souleva, le poussa dans l'eau. Il ne savait pas nager, et la rivière, en ce point, était assez profonde.

Juste au moment où Laurent sautait, un pêcheur retira Silvère.

"Bon, maintenant en voilà un troisième."

Laurent fut plus difficile à repêcher que les deux autres. Deux minutes plus tard, ils étaient tous sur la rive, et riaient. On avait déshabillé Silvère pour le sécher au beau soleil.

(d'après) Ernest Pérochon, *Les Fils Madagascar*, Librairie Plon

I 1. Est-ce que Silvère était l'ami de Laurent?
   2. Etait-il plus âgé que lui?
   3. Qu'a fait Laurent avant d'aller à la pêche?
   4. Pour pêcher, de quoi avait-il besoin?
   5. Quelle place a-t-il choisie au bord de la rivière?
   6. Qu'a-t-il dit à Silvère de faire?
   7. Qu'est-ce que Silvère voulait faire, lui aussi?

8. Où voulait-il pêcher?
9. Est-ce que Laurent lui a permis de pêcher au même endroit que lui? Pourquoi pas?
10. Pourquoi a-t-il choisi pour son petit frère la place au bord du canal? (*deux raisons*)

II 1. Pourquoi Laurent ne voulait-il pas trop détourner la tête?
2. Qu'est-ce qui est arrivé à trois heures?
3. Quand Laurent a-t-il appelé Silvère? (Après . . .)
4. Est-ce que Silvère l'a entendu? Pourquoi pas?
5. Est-ce que Silvère jouait seul?
6. Comment était l'eau à cet endroit?
7. Pourquoi n'aurait-il pas dû jouer à cet endroit-là?
8. Pourquoi Laurent a-t-il hésité à aller chercher son frère?
9. Qu'a-t-il fait au lieu d'aller le chercher?
10. Qu'est-ce qu'il lui a dit de faire?
11. Qu'est-ce qu'il lui a défendu de faire?

III 1. Combien de poissons Laurent a-t-il attrapés?
2. Pourquoi le vieil homme était-il jaloux?
3. Est-ce qu'il était sur la même rive que Laurent?
4. Comment était Laurent?
5. Qu'est-ce qui est arrivé tout à coup?
6. Qu'est-ce que Laurent a fait en entendant le bruit?
7. Est-ce qu'il était seul à bouger?
8. Pourquoi avait-il peur?
9. Comment savez-vous qu'il avait peur?
10. Comment était-il en arrivant près de la cabane Mariel?

IV 1. Qu'est-ce qu'un homme venait de faire?
2. A-t-il repêché le frère de Laurent?
3. Comment a-t-il pu saisir la fillette?
4. Comment était-elle?
5. Pourquoi Laurent a-t-il sauté dans l'eau?
6. Laurent aurait-il dû sauter dans la rivière? Pourquoi pas?
7. Que faisait-on au même moment?
8. Comment les deux garçons ont-ils réagi, une fois sur la rive?

9. Que fallait-il faire alors ?
10. Silvère était-il docile ou indocile ?
11. Laurent s'est servi d'une canne à pêche. Quel autre moyen y a-t-il d'attraper les poissons ?

V De retour chez lui, Laurent a expliqué à son père ce qui venait de se passer.

VI *Faites des phrases:*
  [a] Il a permis à son frère d'aller pêcher au bord du canal.

  Il lui a défendu de │ s'approcher de l'eau.
  │ descendre dans un bateau.

  [b] Il a hésité à │ bouger.
  │ aller chercher son frère.
  Il n'a pas hésité à sauter dans l'eau.

  [c] Il faillit │ tomber.
  │ se noyer.

VII *Faites l'accord:*
  1. Silvère s'est install– à côté de son frère.
  2. Laurent a trouv– une canne et l'a donn– à son frère.
  3. La place qu'il a montr– à Silvère était un peu plus loin.
  4. Les poissons ont commenc– à mordre et Laurent les a attrap–.
  5. Il a pris les petits poissons et les a rejet– dans l'eau.
  6. Geneviève est tomb– dans la rivière.
  7. Un pêcheur est descend– dans un bateau, s'est pench–, a vu la fillette et l'a ramass–.

VIII *Vocabulaire*
  [a] le choix, choisir   vif, vive, vivre
      la perte, perdre   sec, sèche, sécher
      un saut, sauter   un rire, rire, riant
      la vue, voir   un sourire, sourire, souriant
      la profondeur, profond   un ruisseau, ruisselant

[b] Quelle est la différence entre une chute d'eau, et une chute dans l'eau?

[c] Il était essoufflé.
Il n'avait plus de souffle.
Il était hors d'haleine.

[d] Il a couru le long | de la rivière.
| de la plage.
| du canal.

[e] aller à la pêche
pêcher, repêcher, une canne à pêche, un pêcheur, un poisson

IX *Apprenez:*
Ne bouge plus.
Silvère n'était plus là.
Il ne fallait plus perdre de temps.
Il ne voyait plus ni Silvère ni Geneviève.
Il n'avait plus de souffle.

X *Donnez le contraire de:*
large, proche, faux, difficile, sec, trouver, se pencher, s'habiller.

XI Voici les ordres que Laurent a donnés à son petit frère Silvère:
1. Prépare ta ligne. 2. Reste immobile.
3. Mets-toi au bord du canal. 4. Reviens près de moi.
5. Assieds-toi derrière moi. 6. N'approche pas de l'eau.
7. Ne bouge plus. 8. Ne descends pas dans un bateau.

Modèle

Qu'est-ce que Laurent a ordonné à Silvère de faire?
1. Il lui a ordonné de préparer sa ligne.

Continuez de même avec les ordres 2–8.

XII *Rédaction*
Un accident de pêche: vous allez à la pêche avec votre frère (sœur, ami(e)). Où? Comment? Vous louez un petit bateau à rames.

I.F.4—5

Qu'est-ce que vous attrapez? Après quelque temps vous changez de place dans le bateau, qui chavire.

Racontez l'histoire comme si elle est arrivée il y a un mois: "Il y a un mois, Jean(ne) et moi, nous avons décidé . . . "

Le scooter neuf (5): Chez les Dupuis

(Jean Charbonnier et son amie Monique Giraudoux se sont rendus à la villa de la famille Dupuis. Ils ont joué au tennis pendant tout l'après-midi, et alors Madame Dupuis les a invités à dîner. Les voilà donc assis à table. Au premier plat, qui était du poisson, Monsieur Dupuis a demandé quel vin ils désiraient.)

Jean: Je ne suis pas encore très connaisseur en vin, monsieur. Vous pourriez peut-être me donner des conseils.

Madame Dupuis: Mon mari est assez connaisseur en la matière.

Monsieur Dupuis: Ce n'est pas vrai. Je ne leur donnerai que des indications. Nous allons manger d'abord du poisson. Avec cela il faut boire un vin blanc sec d'Alsace. Avec la viande — le rosbif — on pourra prendre un bon vin rouge de Bourgogne. De même avec le fromage, ce sera un vin rouge. Mais avec le dessert on boira un vin blanc doux de Bordeaux.

Georges: Pour moi, il n'y a rien qui égale le champagne.

Monsieur Dupuis: Tu as raison. On en boira quand tu auras passé ton bachot.

Georges: Mon Dieu, il faudra alors attendre bien longtemps.

(Ils ont trouvé le poisson et le rosbif excellents et puis on leur a offert du fromage.)

Monsieur Dupuis: Quant au fromage notre famille se divise en deux camps; les femmes sont amateurs du Brie, tandis que Georges et moi, nous préférons manger du Camembert. Voici aussi du Pont-l'Evêque et du Gruyère. Quel fromage préférez-vous?

Monique: Je prendrai du Brie, monsieur.

Jean: Et moi, du Pont-l'Evêque.

(Après avoir pris le dessert, ils sont tous rentrés dans le salon où ils ont bu du café.)

Georges: Vous reviendrez donc dimanche prochain, n'est-ce pas? Vous avez gagné au tennis et nous voulons prendre notre revanche.

Jean: Mais certainement. Cela nous fera grand plaisir.

Leçon 22

Tchinab-le-Pieux

J'étais dans le nord de l'Inde quand je reçus plusieurs lettres du capitaine Ralph Thomson. Dans toutes il me parlait de Tchinab, le plus remarquable de ses éléphants. D'après lui, Tchinab avait un sens

religieux. C'était l'éléphant le plus extraordinaire du monde! J'ouvris de grands yeux et relus la lettre. Ralph affirmait en noir sur blanc que Tchinab était un phénomène unique!

Quelques jours plus tard, j'arrivai dans la ville où Ralph commandait des hommes, des chevaux, des mules et huit éléphants . . .

"Tchinab est prodigieux," me déclara Ralph. "Vous savez qu'il y a ici un temple qui se trouve presque aux portes de la ville?"

"Oui, et je l'ai visité. Il y a des douzaines de petits éléphants sculptés dans la haute façade et deux grands éléphants de pierre à la porte. Mais quel rapport avec Tchinab?"

"Quel rapport? Ecoutez! C'est fou, mon vieux. Tchinab s'arrête chaque fois devant l'entrée du temple, salue de la trompe et reste là un bon moment avant de consentir à repartir!"

"Vous plaisantez!"

"Non! et je vous le prouverai. Demain je viendrai vous prendre avec lui. Vous pourrez surveiller son cornac: il ne fera rien pour l'arrêter."

Ralph avait dit vrai! Huit jours de suite, monté sur l'extraordinaire animal, j'allai dans la direction de la Résidence. Chaque fois, sans intervention du cornac, l'éléphant s'arrêtait juste devant le temple. Il faisait face à l'entrée, levait la trompe et restait là, immobile pendant un bon moment! Kohab, le cornac, était obligé de l'exciter longtemps de la voix et de son crochet d'acier pour le faire démarrer.

"Et remarquez ceci," me dit Ralph, triomphant, "nous avons passé devant plusieurs autres temples, mais il ne s'est pas arrêté!"

J'étais perplexe mais, voulant à tout prix donner une explication, je répondis:

"Peut-être que les deux grands éléphants de pierre du temple sont sympathiques à Tchinab. Il leur trouve sans doute un air de famille; alors, il s'arrête."

"Ça ne peut être ça, voyons," dit Ralph, "ou mes autres éléphants qui sont aussi des frères de race de ces éléphants sculptés, au moins pour la forme et la taille, s'arrêteraient devant eux — ce qui n'est jamais arrivé!"

A Ceylan, où il y a de nombreux éléphants domestiques, je racontai l'histoire de Tchinab à divers personnages, et je leur montrai des photos du curieux animal, face au temple . . . et le saluant de la trompe. Ils furent impressionnés à tel point que plusieurs d'entre eux décidèrent d'aller voir Tchinab-le-Pieux!

Quelque temps après j'eus l'explication du mystère dans une lettre de ce diable de Ralph :

Mon cher Stany,
Pendant que vous étiez dans le nord de l'Inde, j'ai préparé ma petite farce. Je me suis entendu avec un des prêtres du temple et lui ai demandé de donner — à mes frais, bien entendu ! — des friandises à mon ami Tchinab chaque fois que je passerais avec lui devant le temple. Bientôt l'éléphant s'est, de lui-même, arrêté devant le temple où il était sûr d'être gâté.

Ralph.

(d'après) Stany, A travers le monde,
© Editions de la Table Ronde

I 1. Où était Stany quand il a reçu les lettres ?
2. De quelle nationalité était Thomson, pensez-vous ? Et Stany ?
3. Quelle était le grade militaire de Thomson ?
4. De quoi Thomson a-t-il parlé ?
5. Pourquoi Tchinab était-il l'éléphant le plus extraordinaire du monde ?
6. Donnez un autre mot pour *d'après*.
7. Pourquoi Stany a-t-il relu la lettre ?
8. Pourquoi a-t-il rendu visite au capitaine Thomson ?
9. Qu'y avait-il devant le temple ? En quoi étaient-ils ?
10. Que faisait Tchinab chaque fois qu'il arrivait devant le temple ?
11. Stany était-il tout de suite prêt à croire à cette histoire ?

II 1. Qu'est-ce que Thomson a proposé de faire le lendemain ? Pourquoi ?
2. Combien de fois Stany a-t-il fait la promenade, monté sur l'éléphant ?
3. Quand l'éléphant levait-il la trompe ? (Après . . .)
4. Qu'est-ce que le cornac devait faire pour le faire repartir ?
5. Est-ce que Tchinab faisait de même devant les autres temples ?
6. Quelle explication Stany a-t-il donnée de la conduite de Tchinab ?
7. Est-ce que Thomson a accepté cette explication ? Pourquoi pas ?
8. Qu'est-ce que Stany a fait à Ceylan ?

9. Quelle preuve a-t-il fournie ?
10. Qu'est-ce que plusieurs personnes à Ceylan ont décidé de faire ?
Pourquoi ?

III 1. Qui a fourni la solution du mystère ? Comment et quand ?
2. Avec qui Thomson avait-il arrangé la petite farce ?
3. Qu'a-t-il demandé au prêtre de faire ?
4. Le prêtre a-t-il payé les friandises ?
5. Pourquoi l'éléphant s'est-il donc arrêté devant ce temple ?
6. Pour qui Thomson avait-il préparé cette petite farce ?
7. Comparez la taille et la force d'un éléphant avec celles d'un cheval.
8. Qu'est-ce qu'un cornac ?
9. Où est Ceylan par rapport à l'Inde ?
10. Est-ce que l'Inde est en Europe ?

IV *Vocabulaire*

une friandise	= quelque chose de bon à manger
à mes frais	= à ma charge; c'est moi qui ai payé les friandises.
j'ouvris de grands yeux	= j'étais très surpris.
un cornac	= celui qui conduit l'éléphant, le mahout
prodigieux	= formidable, sensationnel
l'acier	= un métal très dur
bien entendu	= naturellement

expliquer	sculpter	religieux, –euse
une explication	un sculpteur	prodigieux, –euse
plaisanter		curieux, –euse
une plaisanterie		pieux, –euse

V [a] Le plus grand éléphant *du* monde
L'éléphant le plus extraordinaire *du* monde
Le meilleur élève *de la* classe
L'élève le plus intelligent *de la* classe
La meilleure histoire *du* livre

L'histoire la plus amusante *du* livre.

La plus belle femme *de la* ville
La femme la plus élégante *de la* ville

[b] Stany a consenti à aller voir Tchinab.
Le prêtre a consenti à donner des friandises à l'éléphant.
Tchinab a enfin consenti à partir.
Posez la question: "Qu'est-ce que (Stany) a consenti à faire ?"

VI *Ecrivez dans le discours indirect:*

Modèle
Ralph a dit "Tchinab s'arrête chaque fois devant le temple."
Ralph a dit que Tchinab s'arrêtait chaque fois devant le temple.
Ralph a dit:
1. "Il salue de la trompe."
2. "Il reste là un bon moment."
3. "Je viendrai demain vous emmener avec Tchinab."
4. "Vous pourrez surveiller son cornac."
5. "Il ne fera rien pour l'arrêter."
6. "Nous avons passé devant plusieurs autres temples."
7. "Tchinab ne s'est pas arrêté."
8. "J'ai préparé ma petite farce."
9. "Nous sommes arrivés devant le temple."
10. "Je me suis entendu avec un prêtre."

VII *Dictèe*
1. Les éléphants que Stany a vus devant le temple étaient en pierre.
2. Ralph et Stany sont montés sur Tchinab.
3. C'était l'éléphant le plus extraordinaire du monde.
4. Il y avait des douzaines de petits éléphants sculptés en pierre dans la haute façade du temple.
5. Ralph n'a pas réussi à faire démarrer l'éléphant.
6. Ils ne se sont pas arrêtés devant les autres temples.
7. La petite farce que Ralph avait preparée avait réussi.
8. Ralph a dit qu'il s'était entendu avec un prêtre.
9. Le prêtre a acheté des friandises et les a données à Tchinab.
10. Tchinab les a mangées avec grand plaisir.

VIII Racontez un incident amusant qui vous est arrivé.

IX *Ecrivez le passé historique de:*
recevoir, aller, avoir, décider.

Revision

X Où iriez-vous si vous vouliez:
1. voir une pièce de Shakespeare?
2. vous baigner?
3. voir un film?
4. vous faire couper les cheveux?
5. acheter des bijoux?
6. acheter des timbres?
7. voir des montagnes?
8. voir des lacs?
9. écouter un orchestre?
10. jouer au football ou au hockey?

A l'hôtel

Réceptionniste: Bonjour monsieur. Qu'y a-t-il pour votre service?

Voyageur: Bonjour. Auriez-vous une chambre à deux lits, avec salle de bain, et une autre à un lit, sans bain, pour mon fils?

Réceptionniste: Certainement, monsieur, mais comme nous avons beaucoup de monde ce soir, les deux chambres ne seront pas au même étage.

Voyageur: Ça ne fait rien, madame. Mon fils a quatorze ans. Vous avez un ascenseur?

Réceptionniste: Oui, monsieur. Alors pour vous ce sera chambre 231 et pour votre fils ce sera chambre 441. Ce sera pour combien de temps?

Voyageur: Pour cinq jours. Je suis venu pour affaires tandis que ma femme et mon fils vont visiter Paris.

Réceptionniste: Bien, monsieur. Où sont vos bagages?

Voyageur: Je les ai laissés dans le coffre.

Réceptionniste: Le chasseur les montera tout de suite. Le voilà. Il vous fera monter d'abord. Voici vos clefs. Vous allez dîner chez nous ?

Voyageur: Mais oui, naturellement. Le temps de faire notre toilette et nous descendrons.

Réceptionniste: Le restaurant est au bout du couloir, monsieur. Vous remplirez la fiche plus tard, n'est-ce pas ? A tout à l'heure.

Leçon 23

Une crise de conscience

Avant-hier je me promenais vers le pont d'Iéna, du côté du Champ-de-Mars; il faisait un grand vent; la Seine était agitée par des vagues et me rappelait la mer. Je suivais de l'œil un petit bateau rempli de sable jusqu'au bord, qui voulait passer sous la dernière arche du pont, de l'autre côté de la Seine.

Tout à coup le bateau chavira; je vis le batelier essayer de nager: mais il s'y prenait mal.

"Ce maladroit va se noyer," me dis-je.

J'eus quelque idée de me jeter à l'eau, mais j'ai quarante-sept ans et des rhumatismes; il faisait très froid.

"Quelqu'un s'y jettera de l'autre côté," pensai-je.

Je regardais malgré moi. L'homme reparut sur l'eau; il jeta un cri. Je m'éloignai rapidement:

"Ce serait de la folie de ma part," me disais-je. "Quand je serai cloué dans mon lit, avec un rhumatisme aigu, qui viendra me voir? Qui songera à moi? Je serai seul à mourir d'ennui, comme l'an passé. Pourquoi cet animal se fait-il batelier sans savoir nager? D'ailleurs son bateau était trop chargé."

Je pouvais être déjà à cinquante pas de la Seine, j'entendis encore un cri du batelier qui se noyait et demandait du secours. Je redoublai le pas: "Que le diable l'emporte!" me dis-je; et je me mis à penser à autre chose.

Tout à coup je me dis:

"Lieutenant Louhaut (je m'appelle Louhaut), tu es un misérable; cet homme sera bientôt noyé, et toute ta vie tu te rappelleras son cri."

"Misérable! Misérable!" dit le parti de la prudence, "c'est vite dit; et les soixante-sept jours que les rhumatismes t'ont retenu au lit l'an passé? Que le diable l'emporte! Il faut savoir nager quand on est batelier."

138

Je marchais très vite vers l'Ecole Militaire. Tout à coup une voix me dit:

"Lieutenant Louhaut, vous êtes un lâche." Ce mot me fit tressaillir.

"Ah! ceci est sérieux," me dis-je; et je me mis à courir vers la Seine.

En arrivant au bord, jeter veston, bottes et pantalon ne fut qu'un mouvement. J'étais le plus heureux des hommes.

"Non, Louhaut n'est pas un lâche, non, non!" me dis-je, à haute voix.

Le fait est que je sauvai sans difficulté l'homme, qui se serait noyé sans moi. Je le fis porter dans un lit bien chaud; il reprit bientôt la parole.

Alors je commençai à avoir peur pour moi. Je me fis frotter tout le  corps avec de l'eau-de-vie et de la flanelle. Mais en vain; tout cela n'a rien fait, le rhumatisme est revenu; à la vérité pas si aigu que l'an passé. Je ne suis pas trop malade; le diable, c'est que je m'ennuie ferme, comme personne ne vient me voir.

(d'après) Stendhal, *Correspondance*

I   1. Où est le pont d'Iéna?
     2. Quel temps faisait-il?
     3. A quoi la Seine ressemblait-elle alors?
     4. Pourquoi?
     5. De quoi le petit bateau était-il chargé?
     6. Ce bateau était-il tout près du lieutenant?
     7. Qu'est-ce que le bateau était sur le point de faire?
     8. Qu'est-il arrivé tout à coup?
     9. Le batelier savait-il bien nager?
    10. Qu'est-ce que c'est qu'un batelier?

II   1. Qu'est-ce qui allait bientôt arriver au batelier?
     2. Qu'est-ce que Louhaut a entendu?
     3. Est-il resté au bord du fleuve?
     4. Pourquoi n'a-t-il pas plongé tout de suite dans l'eau?
     5. Qu'est-ce que le batelier aurait dû apprendre à faire?

6. Pourquoi son bateau avait-il chaviré?
7. A quelle distance de la Seine était Louhaut quand il entendait encore crier le batelier?
8. Est-il retourné au fleuve en l'entendant?
9. Qu'est-ce que la voix de sa conscience lui a dit de faire?
10. Et la voix de la prudence, qu'est-ce qu'elle lui a dit de faire?

III 1. Qu'est-ce que c'est qu'un lâche?
2. En entendant le mot "lâche", qu'est-ce que Louhaut a fait?
3. Pourquoi la voix ne tutoie-t-elle plus Louhaut?
4. Quels vêtements a-t-il ôtés? Pourquoi?
5. Pourquoi Louhaut était-il alors heureux?
6. Qu'a-t-il réussi à faire?
7. Qu'est-ce qui serait arrivé au batelier sans l'intervention de Louhaut?
8. Où Louhaut a-t-il fait porter l'homme?
9. Qu'est-ce que l'homme a bientôt recommencé à faire?
10. De quoi Louhaut avait-il alors peur?
11. Avec quoi lui a-t-on frotté le corps?
12. A-t-il réussi à éviter le rhumatisme?
13. Pourquoi était-il très ennuyé?

IV *Dictée*
"Je m'éloignai rapidement . . . son bateau était trop chargé."

V *Rédaction*
"Un sauvetage dont vous avez été témoin."
Où? (mer, rivière, lac, canal) Quand? Avec qui étiez-vous? Qui allait se noyer? Pourquoi? A quelle distance de la rive? Qu'a-t-il (elle) crié? Pourquoi? Qu'est-ce qu'on a fait? (plonger dans l'eau, sauter dans un bateau) Comment l'a-t-on amené(e) à la rive? Qu'a-t-on fait après?

VI Le batelier a raconté à sa femme ce qui lui était arrivé.

VII *Vocabulaire*

se mettre à = commencer à
tressaillir = trembler
songer   = penser
un lâche = un homme qui a peur de tout

l'ennui   parler   clouer
s'ennuyer   la parole un clou
  ennuyeux

un bateau   un chapeau   à haute voix
un batelier   un chapelier   à voix basse

               remplir   s'éloigner du fleuve
               vider   s'approcher du fleuve

un homme fou   une femme folle   vrai, vraiment
un fou   une folle   la vérité
               la folie

Il reprit la parole = il recommença à parler
Que le diable l'emporte!
Que Dieu soit loué!

VIII *Apprenez:*

[a] Si c'est le 20 avril *aujourd'hui,* *hier* c'était le 19 avril,
avant-hier c'était le 18 avril.
Demain ce sera le 21 avril, *après-demain* ce sera le 22.

[b] Samedi dernier c'était le 16 avril, quand je suis allé au théâtre.
La veille c'était vendredi, 15 avril.
L'avant-veille c'était jeudi, 14 avril.
Le lendemain c'était dimanche, 17 avril.
Le surlendemain c'était lundi, 18 avril.

IX *Faites des phrases:*

[a] Louhaut aurait dû │ plonger tout de suite dans l'eau.
                      │ nager jusqu'à l'homme qui se noyait.
                      │ le retirer de l'eau.

Il n'aurait pas dû | attendre quelques minutes.
                    | s'éloigner du fleuve.
                    | penser à son rhumatisme.

Le batelier aurait dû savoir nager.

[b] Louhaut a réussi à sauver l'homme, mais il n'a pas réussi à éviter le rhumatisme.

[c]

Quand je serai malade,	qui me soignera ?
Quand j'aurai le rhumatisme,	qui pensera à moi ?
Quand je serai cloué dans mon lit,	qui viendra me voir ?
Quand je mourrai d'ennui,	qui aura pitié de moi ?

[d]

	à	
Je me suis mis		courir.
J'ai commencé		penser à autre chose.
		me déshabiller.
Le batelier s'est mis		crier.
a commencé		parler.

Revision

X Que feriez-vous si:
1. vous perdiez votre billet de chemin de fer ?
2. vous trouviez un porte-monnaie dans la rue ?
3. vous vous leviez en retard le matin ?
4. vous manquiez votre train ou votre autobus ?
4. vous voyiez des cambrioleurs entrer dans une banque ?
6. vous sentiez la fumée dans la nuit ?
7. vous laissiez votre serviette dans le train ?
8. vous gagniez le gros lot dans une loterie ?

XI *L'hôpital*
1. Qu'est-ce que c'est qu'un hôpital ?
2. Combien d'hôpitaux y a-t-il dans votre ville ?
3. Comment s'appelle le plus grand ?
4. Comment s'appellent les hommes qui essaient de vous guérir d'une maladie ?

5. Est-ce que tous les médecins travaillent dans un hôpital?
6. Comment s'appellent les femmes qui soignent les malades dans un hôpital?
7. Et les hommes?
8. Comment s'appelle la voiture dans laquelle on transporte les malades à l'hôpital?
9. Comment s'appelle la chose sur laquelle on porte les malades d'un endroit à un autre?
10. Allez-vous à l'hôpital chaque fois que vous êtes malade?
11. Que faites-vous si vous êtes enrhumé(e)?

XII *Ecrivez le passé historique de:*
s'éloigner, faire, reprendre, commencer.

Leçon 24

Un mendiant débrouillard

Un mendiant alla trouver son curé et lui demanda de l'aider à trouver une place.

"Tu as de la chance, Alphonse. J'ai justement besoin d'un sacristain (*verger*). Mais dis-moi d'abord, sais-tu lire et écrire ?"

"Non," répondit Alphonse.

"Ah, c'est bien regrettable. Tiens, prends ces vingt francs et que Dieu te protège !"

Avec cet argent Alphonse acheta une boîte de cigares et les vendit. Le soir, il avait gagné dix francs. Le lendemain, il acheta deux boîtes de cigares qu'il vendit avec un bénéfice double. Et ainsi, peu à peu, Alphonse devint un marchand de cigares important.

Il avait l'habitude de porter son argent à la banque le vendredi. Un jour le banquier lui dit:

"Quelle affaire vous avez faite ! Que seriez-vous devenu si vous aviez su lire et écrire !"

"Ce que je serais devenu ? — Eh bien, je serais devenu sacristain à l'église."

I
1. Qu'est-ce que c'est qu'un mendiant? Connaissez-vous un autre mot?
2. Pourquoi Alphonse est-il allé trouver son curé?
3. Un curé, est-ce un prêtre protestant?
4. Pourquoi Alphonse avait-il de la chance, selon le curé?
5. Qu'est-ce que le curé a demandé à Alphonse? (*style indirect*)
6. Pourquoi n'a-t-il pas pu donner la place à Alphonse?
7. Qu'est-ce qu'il lui a donné?
8. Qu'a fait Alphonse des vingt francs?
9. Combien d'argent a-t-il gagné le même soir?
10. Qu'a-t-il réussi à faire des deux boîtes?
11. Qu'est-ce qu'il est devenu par la suite?
12. Pourquoi est-il allé un jour à la banque?
13. De quoi le banquier l'a-t-il félicité?
14. Qu'est-ce qu'il serait devenu s'il avait su lire et écrire?

II Alphonse a expliqué au banquier comment il a fait fortune.

III Qu'est-ce que vous savez faire? (*exercise oral*)
1. Qui sait (nager*)?
2. Depuis combien de temps savez-vous (nager)?
3. Quel âge aviez-vous quand vous avez appris à (nager)?
4. Est-ce que vous avez appris vite ou lentement?
5. Où avez-vous appris?
6. Qui vous a donné des leçons de (natation)?
7. Est-ce qu'il (elle) enseignait bien ou mal?
8. Comment savez-vous (nager) maintenant? (mal, assez bien, très bien)

*danser	jouer au (tennis), etc.
faire du ski	jouer du piano, du violon, de la guitare, etc.
faire du ski nautique	jouer aux échecs
faire de l'équitation	parler français (allemand, espagnol)

IV [a] *Le professeur de musique*

1. Un mendiant arrive sur le trottoir devant une maison.
Décrivez ses vêtements. De quel instrument va-t-il jouer?
Pourquoi?
2. Dans la maison un professeur de musique donne une leçon
de violon à un jeune garçon. Comment ce garçon joue-t-il?
Qu'est-ce que le professeur entend par la fenêtre?
Comment le mendiant joue-t-il?
3. Qui est à la fenêtre? A qui fait-il signe? Pourquoi?
4. Que fait le professeur maintenant?
Le mendiant joue-t-il mieux ou non?
5. Qu'est-ce qui se passe maintenant?

[b] *Rédaction*

Racontez cet incident au passé:
"Il y a une semaine un professeur de musique donnait une
leçon . . ." (Servez-vous des questions.)

V Que feriez-vous si vous étiez riche? (60–80 *mots*)

VI *Modèle*

Pendant qu'il revenait à la ferme, il a tué un mouton.
— En revenant à la ferme, il a tué un mouton.

1. Pendant qu'elle s'asseyait, elle a glissé.
2. Pendant qu'ils allaient à Cannes, ils ont dérapé.
3. Pendant qu'il buvait son cognac, il a laissé tomber le verre.
4. Pendant qu'ils roulaient vers Annecy, ils ont eu un pneu crevé.
5. Pendant qu'elle regardait par la fenêtre, elle a vu des Américains.
6. Pendant que je mettais le couvert, j'ai entendu frapper à la porte.
7. Pendant que nous jouions aux cartes, nous avons bavardé.
8. Pendant qu'il faisait une promenade en voiture, Marius a vu une
dinde morte.

Revision

VII 1. Quel temps fait-il aujourd'hui ?
    2. Quel temps a-t-il fait hier ?
    3. Est-ce qu'il a fait plus chaud ou plus froid qu'aujourd'hui ?
    4. Est-ce qu'il a plu ou est-ce qu'il a fait du soleil toute la journée ?
    5. Etes-vous resté(e) à la maison hier soir ou êtes-vous sorti(e) ?
    6. Qui est sorti samedi dernier ? Avec qui ? A quelle heure ?
    7. Pourquoi ?
    8. Qu'est-ce que vous avez fait ?
    9. Vous êtes-vous bien amusé(e) ?
    10. Vous êtes-vous couché(e) tout de suite en rentrant ?

VIII 1. Quel est le plus beau pays du monde ?
    2. Quelle est la plus grande montagne de l'Europe ?
    3. Est-ce que la France est un pays plus petit que l'Angleterre ?
    4. Quel est le journal anglais le plus intéressant ?
    5. Est-ce que le français est plus facile à apprendre que le russe et l'anglais ?
    6. Quelle est la langue la plus difficile du monde, à votre avis ?
    7. Quel est le mois le plus chaud de l'année en Angleterre ?
    8. Quel est le pays le plus froid de l'Europe ?
    9. Est-ce que Manchester est la plus grande ville de l'Angleterre ?
    10. Quel est le meilleur hôtel de votre ville ?

IX 1. De quoi un fermier a-t-il besoin pour labourer ses champs ?
    2. De quoi un chasseur a-t-il besoin pour tuer les animaux ?
    3. De quoi une femme a-t-elle besoin pour faire la lessive ?
    4. Et pour repasser le linge ?
    5. Et pour nettoyer les tapis ?
    6. De quoi avez-vous besoin pour faire jouer des disques ?
    7. Et pour faire jouer des bandes magnétiques ?
    8. Et pour prendre des photographies ?
    9. De quoi un chanteur a-t-il besoin pour réussir ?
    10. De quoi a-t-on besoin pour se raser ?
    11. De quoi a-t-on besoin pour couper du papier ?

Le présentateur: Nous voilà de nouveau parmi vous. Cette fois je vous
présente une jeune étudiante, Madeleine Laroche. J'espère que vous
êtes en bonne forme, mademoiselle. Quel sujet choisissez-vous?

Madeleine: L'histoire, monsieur.

Le présentateur: Encore de l'histoire? Bon. Voilà notre première question, sur Napoléon. Quel rôle a-t-il joué avant de devenir Empereur,
en 1804?

Madeleine: D'abord il a été général, mais en 1796 il a fait chasser les
députés et a créé un nouveau gouvernement, le Consulat. Il a pris le
titre de Consul, et il a régné en maître absolu du royaume.

Le présentateur: Très bien. La deuxième question: Quelle campagne a
eu lieu en 1812? Quel en a été le résultat?

Madeleine: C'était la campagne de Russie. Napoléon a été d'abord
victorieux. Il est même entré à Moscou, mais les Russes ont mis le feu
à la ville et l'armée française a dû battre en retraite. C'était en hiver.
La neige tombait, et la terrible retraite commença. La Grande
Armée a perdu plus de 500.000 hommes. Quel désastre!

Le présentateur: Magnifique, ma petite. Troisième question: Tout le
monde connaît les victoires de Napoléon, mais qu'a-t-il fait pour la
France, à part ses campagnes militaires?

Madeleine: Ah, il a encouragé l'industrie, il a fait construire des routes,
creuser des canaux, bâtir des monuments à Paris (la Madeleine par
exemple); il a créé un nouveau système d'enseignement et un nouveau
code légal.

Le présentateur: Elle est forte en histoire, n'est-ce pas? Et maintenant
la dernière question: Quel est le prénom des deux femmes de Napoléon?

Madeleine: La première était Joséphine, la deuxième était . . . oh, je ne
m'en souviens pas. C'est une question difficile. C'était . . . Marie-
Claire?

Le présentateur: Non, mademoiselle, vous avez tort cette fois-ci.
C'était Marie-Louise. C'est dommage. Vous avez perdu mais je vais
vous donner quand même une récompense. Voici un billet de
cinquante francs.

Madeleine: Merci beaucoup, monsieur. C'est sensationnel. Au revoir,
monsieur.

Leçon 25

Les classes de neige

L'année 1953 a marqué le début d'une expérience pédagogigue très intéressante, celle des classes de neige.

Les classes de neige françaises permettent aux écoliers de faire, pendant quatre semaines, du ski à la montagne sans interrompre leurs classes. Les résultats sont remarquables: les enfants pâles reviennent avec de bonnes joues roses, les gros deviennent musclés, les maigres prennent des kilos, les timides gagnent de l'assurance, et tous travaillent mieux à l'école.

Cette expérience a commencé en 1953 avec les élèves d'une même classe. C'est le docteur Max Fourestier qui l'a mise sur pied. Depuis, ce chiffre est monté en flèche et, en 1965, on a compté près de 50.000 garçons et filles venant de tous les coins de la France, de milieux riches ou pauvres, d'écoles publiques ou privées. Les parents paient l'équipement de ski et, en général, environ un cinquième des frais; l'Etat et les municipalités se partagent le reste.

Quand arrive l'heure du départ, chaque classe, accompagnée de son professeur habituel, monte dans le train — pour beaucoup d'enfants c'est la première fois de leur vie — et l'aventure commence. L'enthousiasme que produit cette nouveauté grandit chez les enfants à mesure que le train approche des Alpes, des Vosges, du Jura ou du Puy-de-Dôme. Les valises contiennent des objets magiques: chaussures de ski, anoraks, fuseaux et lunettes de soleil. On pénètre bientôt dans un paysage nouveau, féerique, de montagnes couvertes d'une épaisse couche de neige.

Malgré l'absence de leurs parents, qu'ils quittent pour la première fois, les enfants s'ennuient rarement. Ils sont entourés de visages connus; leur professeur est là et leurs camarades aussi.

Après le déjeuner, tout le monde s'élance sur les pentes enneigées. Les premiers jours, le temps qu'ils s'habituent à l'altitude, les enfants font simplement des bonshommes de neige et se battent à coups de boules de neige. Au bout de trois ou quatre jours, ils se mettent au ski, sous la surveillance d'un moniteur professionnel. D'abord, ils apprennent à chausser les skis, à se tenir debout et à marcher. Ensuite, ils attaquent les pentes douces, apprennent à faire un chasse-neige, un freinage, un dérapage, et ainsi de suite. Vers la fin de leur séjour, ils passent des épreuves. Tout le monde obtient, en général, la première étoile en exécutant une descente, un chasse-neige, un virage et un freinage. Quelques-uns réussissent à gagner la seconde étoile, mais il y a très peu d'élèves qui obtiennent la troisième étoile, dont les épreuves sont bien plus difficiles.

A leur retour en 1953 les premiers élèves subirent une série de tests tant physiques qu'intellectuels. En moyenne, les garçons du docteur Fourestier avaient pris deux kilos de plus que ceux d'un groupe témoin. D'autre part, 84 pour cent d'entre eux réussirent leur examen d'entrée dans la classe supérieure, contre 78 pour cent dans le groupe témoin. Pourquoi ? En raison, estime ce médecin, des effets conjugués du sport, d'une bonne alimentation, d'horaires réguliers et de l'altitude qui, selon lui, donne un "coup de fouet" à l'organisme. L'année suivante, 750 garçons et filles, au lieu de trente-deux, partirent pour la montagne. Depuis, ce chiffre a augmenté régulièrement.

L'initiative sensationnelle du docteur Fourestier n'a pas fini d'éveiller des échos. La Belgique a maintenant ses classes de neige, qui connaissent un succès grandissant. Le gouvernement français, s'inspirant de la même idée, a offert 7.600 bourses de neige l'an dernier à des étudiants, des employés de bureau et des ouvriers. Les usines Renault, Simca et plusieurs dizaines d'autres entreprises ont envoyé à la montagne, en payant la plus grosse partie des frais, des milliers de jeunes apprentis.

Après avoir visité plusieurs classes de neige, on comprend pourquoi le docteur Fourestier les appelle des "écoles de bonheur".

(d'après) George Kent, Sélection du Reader's Digest

I   1. En quelle année ont commencé les classes de neige ? (*en toutes lettres*)
     2. Combien d'élèves sont partis à la montagne en 1953 ?
     3. Combien d'élèves ont fait partie des classes de neige en 1965 ? (*en toutes lettres*)
     4. Qu'est-ce que c'est que les classes de neige ?

5. Combien de temps les enfants passent-ils à la montagne?
6. Quel effet le séjour produit-il sur un enfant pâle?
7. Et sur un enfant maigre?
8. Et sur un enfant gros?
9. Et sur un enfant timide?
10. Et sur un enfant paresseux?

II 1. Qui paie la plupart des frais?
2. Les élèves vont-ils à la station de ski en car?
3. Qui les accompagne?
4. Pourquoi les enfants sont-ils de plus en plus enthousiastes en approchant des montagnes?
5. Pourquoi dit-on que le paysage est féerique?
6. Pourquoi les enfants ne s'ennuient-ils pas, malgré l'absence de leurs parents?
7. Que fait-on pendant la matinée?
8. Et tout de suite après le déjeuner?
9. A quoi faut-il d'abord s'habituer?
10. Comment passent-ils leur temps pendant trois ou quatre jours?

III 1. Qu'est-ce que les enfants apprennent à faire pendant leurs premières leçons?
2. Et après?
3. Que faut-il faire à la fin du séjour?
4. Combien d'étoiles peut-on gagner?
5. Pourquoi a-t-on donné des tests aux enfants à leur retour en 1953?
6. Les garçons du docteur Fourestier avaient-ils maigri à la fin de leur séjour à la montagne?
7. Ont-ils travaillé bien ou mal à l'école?
8. Pourquoi travaillent-ils mieux?
9. A qui le gouvernement français a-t-il offert des bourses de neige l'an dernier?
10. Quel autre gouvernement a suivi l'exemple du gouvernement français?
11. Nommez quelques entreprises commerciales qui ont maintenant leurs classes de neige.

IV 1. Dans quelle partie de la France se trouvent les Alpes?
2. Et les Vosges?
3. Et le Jura?
4. Et le Puy-de-Dôme?
5. Qu'est-ce qu'on chausse pour **faire** du ski?
6. Qu'est-ce qu'on porte aux jambes?
7. Qu'est-ce que c'est qu'un anorak?
8. Pourquoi faut-il porter des lunettes de soleil?
9. Qu'est-ce que c'est qu'une bourse de neige?
10. Pourquoi appelle-t-on ces classes des "écoles de bonheur"?

V De retour à la maison un(e) élève a raconté en détail son séjour aux classes de neige.

VI *Vocabulaire*

   [a] un écolier   = un élève
        une épreuve   = un examen
        l'alimentation   = la nourriture
        s'élancer   = se précipiter
        chausser   = mettre sur les pieds
        grandir   = devenir plus grand, le contraire de diminuer
        malgré   = *in spite of*
        un fouet   = *a whip*
        subir   = *to undergo*
        partager   = *to share*
        un chasse-neige = on fait toucher les deux skis par le devant.
        un chiffre: A, B, C, sont des lettres; 1, 2, 3 sont des chiffres.
        un milieu riche   = un endroit où la plupart des habitants sont riches
        un horaire d'école = la liste des cours avec les heures (l'emploi du temps)
        réussir est le contraire d'échouer.
        un témoin d'un accident est quelqu'un qui a vu l'accident.
        freiner: on arrête une voiture quand on applique les freins.

   [b] un parc public   féerique   surveiller
        une école publique une fée   la surveillance

nouveau	monter	descendre
la nouveauté	la montée	la descente
freiner (*to brake*)	virer (*to go round*)	déraper (*to skid*)
le freinage	le virage	le dérapage
un frein		

VII *Donnez le contraire de:*
riche, gros, timide, paresseux, public, la montée, épais, connu, le retour, réussir, vrai.

VIII *Repassez l'orthographe des verbes suivants au présent:*
tenir, revenir, prendre, travailler, payer, réussir, pénétrer, s'ennuyer, battre, mettre, partir, connaître.

IX *Faites des phrases:*

Les élèves commencent à	faire des bonshommes de neige. se battre.

Il apprennent Plusieurs réussissent	à faire	une descente. un virage. un freinage. un dérapage.
Quelques-uns réussissent		à gagner la troisième étoile.

X *Rédaction*
Vous allez patiner sur un lac. La glace se fend et un ami tombe à l'eau. On le sauve et on le ramène à la maison.

Revision

XI *La bibliothèque*

1. Quelle est la différence entre une bibliothèque et une librairie?
2. Est-ce qu'il y a une bibliothèque à votre école? A quel étage?
3. Est-ce que vous pouvez y emprunter des livres ou est-ce qu'il faut les lire sur place?
4. Où est la bibliothèque municipale?
5. Est-ce qu'elle est grande ou petite?

6. Est-ce qu'il faut payer quand vous voulez emprunter des livres ou est-ce que c'est gratuit?
7. Qu'est-ce qu'il faut faire si vous ne rapportez pas le livre que vous avez emprunté à la date convenue?
8. Qu'est-ce qu'il faut faire si vous perdez un livre que vous avez emprunté?

Leçon 26

L'emprunteuse

Un jour Madame Lenoir était en train de préparer le déjeuner quand on frappa à la porte. C'était sa nouvelle voisine, Madame Henriot.

"Voudriez-vous bien me prêter votre aspirateur, madame? Le mien ne fonctionne plus. Je ne sais pas pourquoi."

"Avec plaisir," répondit Madame Lenoir, qui était une femme très aimable et généreuse. "Le voici. Il n'est pas très lourd, et il marche bien. Seulement j'en aurai besoin cet après-midi."

"Je vous le rendrai dans une heure," dit Madame Henriot. "Je vous suis très reconnaissante."

Et elle partit en portant l'aspirateur que Madame Lenoir venait d'acheter trois jours auparavant.

Madame Lenoir attendit son aspirateur en vain. Madame Henriot ne le lui rendit ni ce jour-là ni le lendemain. Elle dut aller le chercher chez sa voisine, qui lui dit:

"Vraiment je ne sais pas ce que je ferais sans votre aspirateur."

Une semaine plus tard Madame Henriot revint.

"Est-ce que je pourrais emprunter votre tondeuse un petit moment? La mienne ne marche plus et l'herbe de ma pelouse est bien trop haute."

"Volontiers," répondit Madame Lenoir. "Mais vous me la rendrez ce soir, car mon mari a l'intention de tondre notre pelouse."

"Certainement, ma chère amie," répondit l'autre.

Mais son mari ne put tondre la pelouse ni ce soir-là, ni le suivant. Furieux, il alla lui-même reprendre sa tondeuse.

"Je ne sais pas ce que je ferais sans votre

tondeuse," dit Madame Henriot, en la lui rendant.

Quelques jours plus tard c'était une livre de beurre qu'elle voulait emprunter.

"J'ai oublié d'en acheter au supermarché ce matin. J'en ai besoin pour préparer le repas du soir. Je vous la rendrai demain matin."

Madame Lenoir la lui prêta, mais en même temps elle dit:

"Voudriez-vous me prêter un litre de lait? J'ai oublié d'en acheter ce matin. Je vous le rendrai ce soir."

Ce soir-là elle rendit deux litres de lait à sa voisine, qui lui dit:

"Mais je ne vous ai prêté qu'un seul litre. Pourquoi m'en rendez-vous deux?"

"C'est ma mère qui m'a dit que quand on emprunte quelque chose il faut toujours en rendre bien davantage."

I   1. Madame Henriot était-elle la sœur de Madame Lenoir?
    2. Que faisait Madame Lenoir quand on a frappé à la porte?
    3. Qu'est-ce que Madame Henriot lui a demandé de faire?
    4. Pourquoi?
    5. Quelle sorte de femme était Madame Lenoir?
    6. Son aspirateur était-il vieux?
    7. Qu'est-ce que Madame Henriot a promis de faire?
    8. Madame Lenoir a-t-elle pu passer son salon à l'aspirateur le même jour? Pourquoi pas?
    9. Qu'a-t-elle dû faire?
    10. Sa voisine s'est-elle excusée?

II   1. Qu'est-ce que Madame Henriot voulait emprunter une semaine plus tard?
    2. Pourquoi avait-elle besoin d'une tondeuse?
    3. Qu'est-ce que Madame Lenoir lui a demandé de faire?
    4. Pourquoi?
    5. Monsieur Lenoir a-t-il pu tondre sa pelouse le même soir?
    6. Etait-il content de sa voisine? Pourquoi pas?
    7. Qu'a-t-il dû faire?
    8. Qu'a-t-elle voulu emprunter quelques jours plus tard?
    9. Pourquoi n'avait-elle pas de beurre?
    10. Pourquoi en voulait-elle ce soir-là?
    11. Qu'a-t-elle promis de faire?

III 1. Madame Lenoir a-t-elle refusé de prêter du beurre à sa voisine?
2. Qu'a-t-elle demandé à son tour?
3. Pourquoi?
4. Qu'a-t-elle promis de faire?
5. Combien de litres de lait a-t-elle rendus ce soir-là?
6. Qu'est-ce que sa voisine lui a dit?
7. Qu'est-ce qu'il fallait toujours faire si l'on avait emprunté quelque chose, d'après la mère de Madame Lenoir?
8. Faites une liste des machines électriques dont on se sert pour faire le ménage. A quoi servent-elles exactement?

IV *Faites l'accord:*
1. Madame Lenoir a-t-elle emprunt– un aspirateur à sa voisine?
— Non, elle le lui a prêt–.
2. Madame Henriot a-t-elle prêt– la tondeuse à Madame Lenoir?
— Non, elle la lui a emprunt–.
3. Est-ce que Monsieur Lenoir a tond– sa pelouse le même soir?
— Non, il ne l'a pas tond–.
4. Madame Lenoir a-t-elle rend– deux litres de lait à sa voisine?
— Oui, elle les lui a rend– le même soir.

V *Apprenez:*
Madame Henriot n'a rendu l'aspirateur ni ce jour-là ni le lendemain.
Monsieur Lenoir n'a pu tondre la pelouse ni ce soir-là ni le suivant.
Je ne vous ai prêté qu'un seul litre.
Le mien ne fonctionne plus.
Elle n'avait plus de beurre.

VI *Faites des phrases:*

[a]

Elle	le	lui a	prêté (e)(s).
	la		emprunté(e)(s).
	les		rendu(e)(s).

[b]

Voudriez-vous me	le	prêter	ce soir?
	la	rendre	demain matin?
	les		après-demain?
			samedi prochain?

[c]

Je vous	le	prêterai	ce soir.
Vous me	les	rendrez	demain soir.
			après-demain.

VII *Apprenez:*

1. Un aspirateur sert à nettoyer le tapis.
2. Une machine à laver sert à laver le linge.
3. Un fer à repasser sert à repasser le linge.
4. Un tourne-disques sert à faire jouer des disques.
5. Une aiguille sert à coudre.
6. Une charrette sert à porter du foin.
7. Une bêche sert à creuser la terre.
8. Une hache sert à couper le bois.
9. Les ciseaux servent à couper le papier.
10. Un seau sert à porter l'eau.

(Les élèves peuvent se poser des questions et y répondre. A quoi sert un aspirateur, etc.?)

VIII *Faites des phrases:*

[a]

Elle lui a demandé de	lui	prêter	son aspirateur.
Elle a promis de		rendre	sa tondeuse.
Elle voulait emprunter			une livre de beurre.
			un litre de lait.

[b]

J'ai	besoin	d'un aspirateur	ce soir.
J'aurai		d'une tondeuse	
		d'une livre de beurre	
		d'un litre de lait	

IX *Rédaction*

Vous voulez acheter un disque, mais avant de l'acheter vous voulez l'écouter. Vous êtes donc allé(e) emprunter le disque chez un(e) ami(e). En rentrant vous l'avez laissé tomber. Racontez toute l'histoire en disant ce que vous avez fait après avoir abîmé le disque.

X *Ecrivez le passé historique de:*

répondre, partir, devoir, revenir, pouvoir.

Leçon 27

Les deux lions

Cet incident est tiré du livre Retour à la vie sauvage, *par N. Carr, qui raconte l'histoire de deux lionceaux. Monsieur Carr les a élevés après la mort de leur mère dans le parc national de Kafué, le plus grand de l'Afrique.*

Comme je permettais à mes lions de vagabonder où ils voulaient, il y avait de temps en temps des mésaventures.

Un jour ils s'approchèrent d'une route touristique et entendirent au loin le bruit d'une voiture: j'imagine avec quelle joie ils s'élancèrent à sa rencontre dans l'espoir de me voir. Malheureusement cette voiture n'était pas la mienne. Il s'y trouvait un touriste qui vit arriver vers lui deux lions très décidés. Fiévreusement, il essaya de tourner sur la route étroite, mais au cours de cette manœuvre ses roues arrière s'enfoncèrent dans la terre molle au bord de la route et il ne parvint pas à les dégager avant l'arrivée du premier lion. Gros Jean sauta sur la toile au-dessus de

la tête du chauffeur. La toile ne résista pas à ses 120 kilogrammes et Gros Jean tomba sur l'homme terrifié, qui croyait que c'était une lutte à mort.

La fureur et le désespoir lui donnèrent assez de force pour saisir le lion par la crinière et empêcher ses griffes de l'étrangler : il ne comprenait pas que l'animal ne désirait qu'une chose — lui donner un coup de langue amical. Au cours de la lutte la porte de l'auto s'ouvrit et l'homme et le lion tombèrent sur l'herbe.

Lorsque l'homme parvint à se dégager, il courut vers l'autre porte de la voiture ; mais de l'autre côté il se trouva face à face avec Petit Jean, qui venait d'arriver à son tour. Mais le touriste ne s'évanouit pas : il eut le temps de sauter dans la voiture avant d'être salué par Petit Jean d'un coup de langue : il parvint à démarrer, à s'arracher de la boue et à s'enfuir à toute vitesse, laissant les deux lions tout étonnés.

Deux heures plus tard je le trouvai dans le bar du camp, toujours sous l'effet du choc. Il eut du mal à comprendre la situation. Il resta parmi nous quelques jours et raconta son histoire à chaque nouveau venu. Son seul regret était que personne en Angleterre ne voudrait le croire.

(d'après) *Atlas Histoire,* n° 48

I 1. Combien de lions Monsieur Carr avait-il ?
   2. Comment s'appelaient-ils ?
   3. Est-ce qu'il les gardait dans des cages ?
   4. Où étaient-ils quand ils ont entendu le bruit d'une voiture ?
   5. Qu'ont-ils fait en l'entendant ?
   6. Pourquoi ?
   7. A qui cette voiture appartenait-elle ?
   8. Qu'est-ce que c'est qu'une route touristique ?
   9. Pourquoi le touriste a-t-il eu peur ?
  10. Pourquoi a-t-il essayé de tourner si vite ?
  11. Comment était la terre au bord de la route ?

II 1. Qu'est-ce qui est arrivé à la voiture ?
   2. Le touriste a-t-il réussi à dégager les roues à temps ?
   3. Lequel des deux lions est arrivé le premier ?
   4. Qu'est-ce qu'il y avait au-dessus de la tête du touriste ?
   5. Combien pesait le premier lion ?
   6. Qu'est-ce qui est arrivé quand il a sauté sur la toile ?

7. Qu'est-ce que le lion allait faire, à l'avis du touriste?
8. Par où le touriste a-t-il saisi l'animal? Pourquoi?
9. Le lion voulait-il tuer le touriste?
10. Qu'est-ce qui est arrivé à l'homme et à l'animal?
11. Pourquoi?
12. Qu'est-ce que l'homme a enfin réussi à faire?

III
1. Quand le touriste a-t-il couru vers l'autre portière?
2. Qu'a-t-il vu arriver de l'autre côté de la voiture?
3. A-t-il perdu connaissance?
4. Qu'a-t-il fait d'abord, après avoir sauté dans la voiture?
5. Qu'a-t-il dû faire, avant de pouvoir s'enfuir?
6. Quelle a été la réaction des deux lions?
7. Qui Monsieur Carr a-t-il rencontré deux heures plus tard? Où?
8. Le touriste était-il alors tout à fait calme?
9. A-t-il tout de suite compris la situation? Pourquoi pas?
10. A-t-il quitté le camp ce jour-là?
11. Qu'a-t-il fait pendant les jours suivants?
12. De quelle nationalité était-il?
13. Que pensez-vous de son caractère?

IV *Vocabulaire*

[a] démarrer = mettre le moteur en marche et partir
s'évanouir = perdre connaissance
s'élancer = se précipiter, se jeter
parvenir à = réussir à
une lutte = une bataille
la boue = la terre molle et humide

[b] donner un coup de | langue
                      | pied
                      | poing

[c] l'espoir, espérer   furieux   joyeux
le désespoir, désespérer   la fureur   la joie

                            résister   amical
                         la résistance   un(e) ami(e)
                                            l'amitié (*f.*)

[d] ses roues arrière   la banquette arrière
     ses roues avant   la banquette avant

V [a] Il ne résista pas à la tentation.
     Il ressemblait à son père.
     La maison ressemblait à un petit château.
     Le lion n'obéit pas aux ordres du touriste.

[b] Il est parvenu | à | se dégager de l'animal.
    Il a réussi | sauter dans la voiture.
                 démarrer.
                 s'arracher de la boue.
                 s'enfuir à toute vitesse.

VI *Faites l'accord:*
1. Les deux lions se sont élanc– à sa rencontre.
2. Les roues arrière se sont enfonc– dans la terre molle.
3. Le touriste s'est dégag– des griffes du lion.
4. La toile s'est cass–.
5. Le touriste ne s'est pas évan–.
6. La porte de l'auto s'est ouvert–.
7. Il s'est enf– à toute vitesse.
8. Les deux lions se sont éloign–, tout étonn–.

VII Il avait assez de | force | pour | saisir le lion.
                   | temps | | sauter dans la voiture.
                   | courage |

VIII *Apprenez le contraire de:*
     s'approcher   — s'éloigner
     permettre   — défendre
     étroit   — large
     l'espoir   — le désespoir
     l'arrivée   — le départ
     au-dessus de — au-dessous de
     mou, molle   — dur(e)
     s'enfoncer dans — se dégager de
     une aventure   — une mésaventure
     fort   — faible

IX Racontez l'histoire comme si vous étiez le touriste: "Un jour je me promenais en voiture sur une route assez étroite quand j'ai vu arriver vers moi deux lions . . . les deux lions tout étonnés."

X *Rédaction*

Une visite au zoo. Ecrivez une lettre à un(e) ami(e).

Vous êtes allé(e) au zoo? A quel zoo? Quand? Avec qui? A quelle heure y êtes-vous arrivé(e)? Quel était le prix d'entrée? Quels animaux avez-vous vus d'abord? Et après? Qu'est-ce qu'ils étaient en train de faire? Racontez un incident.

Où avez-vous déjeuné? etc. Combien de temps y êtes-vous resté(e)? Comment êtes-vous rentré(e) à la maison?

Leçon 28

Le naufrage du *Normandy* (1)

Dans la nuit du 17 mars 1870, le capitaine Harvey faisait son trajet habituel de Southampton à Guernesey. Une brume couvrait la mer. Le capitaine était debout sur la passerelle et manœuvrait avec précaution, à cause de la nuit et du brouillard. Les passagers dormaient . . .

Le *Normandy* était un très grand navire, le plus beau peut-être des paquebots de la Manche: deux cent vingt pieds anglais de long, vingt-cinq de large; il était jeune, comme disent les marins, il n'avait pas sept ans. Il avait été construit en 1863.

Le brouillard s'épaississait, on était sorti de l'embouchure du fleuve de Southampton; on était en pleine mer. Le navire avançait lentement. Il était quatre heures du matin.

L'obscurité était absolue: on distinguait à peine la pointe des mâts.

Tout à coup, dans la brume, une masse noire. C'était le *Mary*, venant d'Odessa, avec un chargement de cinq cents tonnes de blé: vitesse énorme, poids immense. Le *Mary* se dirigeait droit sur le *Normandy*.

Nul moyen d'éviter le choc dans le brouillard. Le *Mary*, lancé à toute vapeur, prit le *Normandy* par le travers, l'éventra et s'arrêta.

Il y avait sur le *Normandy* vingt-huit hommes d'équipage, une femme de service, et trente et un passagers, dont douze femmes.

La secousse fut effroyable. En un instant, tous furent sur le pont, hommes, femmes, enfants demis-nus, courant, criant, pleurant. L'eau entrait, furieuse. Le fourneau, atteint par l'eau, s'arrêta. Les ceintures de sauvetage manquaient.

Le capitaine Harvey, debout sur la passerelle de commandement, cria:

"Silence tous, et attention! Les canots à la mer. Les femmes d'abord, les hommes ensuite, l'équipage après. Il y a soixante personnes à sauver."

On était soixante et un. Mais il s'oubliait.

On détacha les canots. Tous s'y précipitèrent.

Cette hâte pouvait faire chavirer les canots. Ockleford, le lieutenant, et les trois contremaîtres continrent cette foule terrifiée. Dormir et tout à coup et tout de suite mourir, c'est affreux.

(à suivre)

I 1. Quand cet incident a-t-il eu lieu ? (en toutes lettres)
   2. Comment s'appelaient le capitaine et son navire ?
   3. Quel port le capitaine venait-il de quitter ?
   4. Quelle était sa destination ?
   5. Est-ce qu'il faisait ce voyage pour la première fois ?
   6. Pourquoi manœuvrait-il avec précaution ?
   7. Où étaient les passagers ?
   8. De quelle longueur était le *Normandy* ?
   9. Et de quelle largeur ?
   10. Quand avait-on construit ce navire ?

II 1. Est-ce que la nuit devenait de plus en plus claire ?
    2. Qu'est-ce qui est arrivé tout à coup ?
    3. De quel pays le *Mary* venait-il ?
    4. De quoi était-il chargé ? Combien pesait ce blé ?
    5. Comparez la vitesse et le poids des deux navires.
    6. A-t-on pu éviter le choc ? Pourquoi pas ?
    7. Qu'est-ce que le *Mary* a fait à l'autre navire ?
    8. Le *Mary* a-t-il continué son voyage ?
    9. Etait-il un bateau à voiles ?
    10. Pourquoi le choc a-t-il été si terrible ?

III 1. Combien de marins y avait-il sur le *Normandy* ?
     2. Et combien de passagers ?
     3. Qu'est-ce que ces passagers ont fait tout de suite ?

4. Pourquoi la machine s'est-elle arrêtée?
5. A quoi servent les ceintures de sauvetage?
6. Qu'est-ce que le capitaine a ordonné aux marins de faire?
7. Est-ce qu'ils devaient partir les premiers?
8. Combien de personnes y avait-il à sauver, d'après le capitaine? Qui a-t-il oublié?
9. Qu'est-ce que les officiers ont empêché les passagers de faire?
10. De quoi les passagers avaient-ils peur?

IV 1. Où est Southampton?
2. Où se trouve l'île de Guernesey?
3. Où est Odessa?
4. Votre chambre a combien de mètres de long?
5. Et de large?
6. Quel est votre poids en kilos?
7. Est-ce que Victor Hugo était marin?
8. Quand est-il né? (1802) (*en toutes lettres*)
9. Quand est-il mort? (1885)
10. En quel siècle a-t-il vécu?

V Résumez cette histoire en 150 mots.

VI *Vocabulaire*
Guernesey est une des îles Anglo-Normandes.
manœuvrer (le bateau) = diriger, conduire
la secousse = le choc
    (secouer)
Nul moyen d'éviter le choc = il n'y avait *aucun* moyen . . .
éventrer = faire un trou énorme
un bateau à voiles
un bateau à vapeur
un contre-maître = *petty officer*

épais	long	large	
l'épaisseur	la longueur	la largeur	le poids
s'épaissir	allonger	élargir	peser
embarquer	débarquer		charger
l'embarquement	le débarquement		décharger

Les ceintures manquaient = il n'y avait pas assez de ceintures.

VII Le capitaine a ordonné | aux marins | de mettre les canots à la mer.
| | de sauver les passagers.
aux femmes de s'embarquer d'abord.
à l'équipage de s'embarquer après les passagers.

Qu'est-ce qu'il a ordonné | aux marins | de faire?
aux femmes
à l'équipage

VIII *Rédaction*
Vous faites la traversée Douvres–Calais. Heure du départ. Traversée très calme. Brouillard près de la côte française. Vingt-quatre heures sans bouger. Sirènes. Impossible de dormir. Très froid. Rien à manger. Enfin le brouillard disparaît. Soupir de soulagement en entrant dans le port de Calais.

Racontez cet incident au passé dans une lettre que vous envoyez à votre mère.

IX *Ecrivez le passé historique de:*
prendre, être, contenir, atteindre.

Les grands fleuves de France

1. La Seine a une longueur de 776 kilomètres. (Elle a 776 km. de long.) Elle coule très lentement et paresseusement. C'est un fleuve navigable. Elle passe par Paris et Rouen et se jette dans la Manche entre Le Havre et Honfleur. Son embouchure a une largeur de dix kilomètres. (Elle a dix kilomètres de large.)

2. La Loire a une longueur de 1.000 kilomètres. (Elle a 1.000 km. de long.) Elle prend sa source dans le Massif Central à 1.400 mètres d'altitude. Elle a un cours très irrégulier et en été il y a très peu d'eau. Elle n'est donc pas navigable. Elle passe par Orléans, Blois, Tours, Nantes et se jette dans l'océan Atlantique. Dans la riche vallée de la Touraine on trouve sur ses rives de nombreux châteaux. Son embouchure a une largeur d'environ neuf kilomètres. (Elle a neuf km. de large.)

3. Le Rhône a une longueur de 812 kilomètres. (Il a 812 km. de long.) Il prend sa source au Mont St.-Gothard en Suisse et traverse le lac de Genève (le lac Léman) avant d'entrer en France. Il a un cours rapide et régulier et se jette dans la mer Méditerranée par un delta, qui forme l'île de la Camargue. Il passe par Lyon, Avignon, Arles.

4. La Garonne, qui a 650 kilomètres de long, a un cours rapide. Elle passe par Toulouse et Bordeaux et se jette dans la Gironde, son embouchure, qui a douze kilomètres de large.

Il y a aussi:

5. Le Rhin, qui sert de frontière entre la France et l'Allemagne sur une longueur de 180 kilomètres.

6. La Meuse, qui a environ 450 kilomètres de cours en France. Elle traverse la Belgique et la Hollande et se jette dans la mer du Nord. (*Suivez le cours de ces fleuves sur la carte de France.*)

Les dimensions

Chez moi, ma salle de séjour a cinq mètres de long.

Elle a quatre mètres de large.

Elle a deux mètres quatre-vingts de haut.

C'est à dire:

Elle a cinq mètres de long sur quatre de large, sur deux mètres quatre-vingts de haut.

Mon jardin a vingt mètres de long sur douze de large.

X 1. Quelles sont les dimensions:
   [a] d'un terrain de football ? (ou de hockey ?)
   [b] d'un court de tennis ? (Demandez à votre professeur de gymnastique.)
   [c] de cette salle de classe ?   [e] de votre cuisine ?
   [d] de votre salle de séjour ?   [f] de votre jardin ?

2. Quelle est la rivière la plus longue de la France ?

3. Est-ce que la Garonne est plus longue que la Seine ?

4. Est-ce que la Seine coule plus vite que la Loire ?

5. Sur quels fleuves Lyon est-il situé ?

Leçon 29

Le naufrage du *Normandy* (2)

Cependant, au-dessus des cris et des bruits, on entendait la voix grave du capitaine, et ce bref dialogue se faisait entendre dans les ténèbres :

"Mécanicien Locke ?"

"Capitaine ?"

"Comment est le fourneau ?"

"Noyé."

"Le feu ?"

"Eteint !"

"La machine ?"

"Morte !"

Le capitaine cria :

"Lieutenant Ockleford ?"

Le lieutenant répondit :

"Présent."

Le capitaine reprit :

"Combien nous reste-t-il de minutes ?"

"Vingt."

"Cela suffit," dit le capitaine. "Que chacun s'embarque à son tour. Lieutenant Ockleford, avez-vous vos pistolets ?"

"Oui, capitaine."

"Tirez sur tout homme qui voudrait passer avant une femme."

Tous se turent. Personne ne résista, cette foule sentait au-dessus d'elle une grande âme.

Le *Mary*, de son côté, avait mis ses canots à la mer et venait au secours de ce naufrage qu'il avait provoqué.

Harvey commandait, dominait, dirigeait, s'occupait de tout et de tous, gouvernait avec calme cette angoisse, et semblait donner des ordres à la catastrophe. On eût dit que le naufrage lui obéissait.

A un certain moment, il cria:

"Sauvez Clément!"

Clément, c'était le mousse, un enfant.

Le navire coulait lentement dans l'eau profonde. On hâtait le plus possible le va-et-vient des embarcations entre le *Normandy* et le *Mary*.

"Faites vite!" criait le capitaine.

A la vingtième minute, le bateau coula. L'avant plongea d'abord, puis l'arrière.

Le capitaine Harvey, debout sur la passerelle, ne fit pas un geste, ne dit pas un mot, et entra immobile dans l'abîme. On vit, à travers la brume sinistre, cette statue noire s'enfoncer dans la mer.

Ainsi finit le capitaine Harvey. Pas un marin de la Manche ne l'égalait. Après s'être imposé toute sa vie le devoir d'être un homme, il usa en mourant du droit d'être un héros.

Victor Hugo, Pendant l'exil

I   1. A qui le capitaine a-t-il parlé?
    2. Comment était le fourneau?
    3. Et le feu?
    4. Et la machine?
    5. Qu'est-ce que le capitaine a demandé au lieutenant?
    6. Qu'est-ce qu'il lui a ordonné de faire?
    7. Quelle a été l'attitude des passagers envers le capitaine?
    8. Qu'avait-on fait à bord du *Mary*?
    9. Qu'est-ce que les marins du *Mary* essayaient de faire?
   10. Montrez comment le capitaine Harvey dominait la situation.

II   1. Quel ordre le capitaine a-t-il donné à un certain moment?
     2. Après combien de temps le bateau a-t-il coulé?
     3. Où était le capitaine à ce moment-là?
     4. Quel geste a-t-il fait?
     5. Qu'a-t-il dit?
     6. A quoi l'a-t-on comparé au moment où il s'enfonçait dans la mer?

7. Comment s'était-il conduit pendant sa vie ?
8. Et au moment de sa mort ?
9. Pourquoi était-il un héros ?
10. Nommez un autre héros dont vous avez lu l'histoire. De quelle nationalité était-il ? En quel siècle a-t-il vécu ?
11. Et nommez une héroïne. De quelle nationalité était-elle ? En quel siècle a-t-elle vécu ?

III Résumez cette histoire en 120 à 150 mots.

IV *Vocabulaire*
[a] Un héros est un homme courageux, vaillant, qui est prêt à donner sa vie.
une héroïne, héroïque, l'héroïsme
hâter   = accélérer
on eût dit = on aurait dit
le mousse = *cabin boy*
l'angoisse = *anguish*
un abîme = *abyss*

[b] Personne ne résista.
Pas un marin ne l'égalait.

V [a] Le mécanicien s'occupait de la machine.
Le lieutenant s'occupait de l'équipage.
L'équipage s'occupait des canots de sauvetage.
Le capitaine s'occupait de tout et de tous.

[b] Les passagers ne résistaient pas aux ordres du capitaine.
Tout le monde lui obéissait.
Il ressemblait à une statue noire.

VI *Les titres:*

le capitaine Harvey	l'impératrice Joséphine
le lieutenant Ockleford	le roi Georges VI
le colonel Nasser	la reine Elisabeth II
le général de Gaulle	l'amiral Darlan
l'empereur Napoléon	le docteur Schweitzer

VII *Ecrivez le passé historique de:*
se taire, éteindre, plonger.

VIII *Traduisez en anglais les deux derniers paragraphes:*
"Le capitaine Harvey, debout sur la passerelle . . . "

IX *Rédaction*
Un séjour sur une île déserte: Monsieur Tardieu traverse l'océan
Pacifique. Orage terrible. Bateau chavire. Radeau. Ile déserte.
Poisson, fruits, de l'eau fraîche. Comment a-t-il obtenu ces choses?
Les animaux n'ont pas peur. Ils n'ont jamais vu d'homme aupara-
vant. Comment a-t-il passé le temps? Bateau à l'horizon. Feu et
fumée. Départ.
Racontez cet incident comme s'il était arrivé pendant l'été
dernier.

X *Les écrivains*
1. Est-ce que Shakespeare est un écrivain moderne?
2. En quel siècle est-il né?
3. En quel siècle est-il mort?
4. Connaissez-vous les noms de deux pièces qu'il a écrites?
   Laquelle préférez-vous?
5. Est-ce que ses pièces sont difficiles ou faciles à comprendre?
6. Nommez un écrivain français.
7. Est-ce qu'il était auteur dramatique, poète ou romancier?
8. Est-ce que vous avez lu des romans d'Alexandre Dumas et de
   Victor Hugo? Lesquels?
9. Est-ce que vous les avez lus en français ou en anglais?
10. Connaissez-vous des romans de Georges Simenon? De quelle
    nationalité est-il?
11. Quelle espèce de romans écrit-il surtout?
12. Comment s'appelle le personnage principal de beaucoup de ses
    romans? Quel est son métier?
13. Nommez un auteur dramatique français moderne.
14. Nommez une pièce de Molière.
15. Qu'est-ce que la Comédie Française?

Leçon 30

Le singe qui savait lire

Il y avait une fois à l'université de Dakar un professeur, Monsieur Dumesnil, qui s'intéressait beaucoup aux animaux. Il était sûr qu'ils ont beaucoup plus d'intelligence qu'on ne le croit. Il étudiait surtout les habitudes et les manières d'agir des singes, car ils ressemblent le plus aux êtres humains. Un jour un de ses collègues, qui se moquait souvent de lui parce qu'il prenait les choses tellement au sérieux, paria qu'il ne parviendrait jamais à faire parler un singe. Monsieur Dumesnil accepta le pari, et choisit pour son expérience le singe qui lui semblait le plus intelligent. Ce singe le regardait souvent de ses grands yeux tristes et semblait lui témoigner une grande amitié. Le professeur commença par lire tous les livres qu'on avait écrits sur les méthodes d'enseigner à parler et à lire aux jeunes humains et il développa sa propre méthode. Il eut l'idée géniale de commencer par les sons émis par le singe. Il les imitait très bien, à la grande surprise de l'animal. Puis il commença avec "moi", "toi", et "singe", "homme". Le singe imita bien ces sons et aussi les gestes que faisait son maître.

En bien peu de temps le singe pouvait imiter des phrases entières qu'il semblait d'ailleurs comprendre. Monsieur Dumesnil était ravi et chaque jour il consacra de longues heures à son travail, négligeant sa femme et ses enfants. En deux ans le singe savait parler français et mieux encore, deux années plus tard son intelligence était telle qu'il savait lire même des livres assez difficiles. Il prenait évidemment beaucoup de plaisir à lire, surtout des livres scientifiques. Il prenait également plaisir à entretenir de longues discussions avec son maître sur des questions religieuses et politiques.

Monsieur Dumesnil avait bien gagné son pari: il jouissait d'une réputation mondiale, et était l'homme le plus heureux du monde. Mais un matin il entra dans son cabinet d'étude et il vit le singe, assis sur un

tabouret devant la table, sur laquelle était un gros livre: *De l'Origine des espèces,* de Charles Darwin, qui a prouvé que la race humaine est descendue des singes.

Le singe semblait perplexe et bien malheureux, et quand il regarda son maître il ne témoigna pas son plaisir habituel à le voir.

Monsieur Dumesnil lui dit:

"Qu'est-ce qu'il y a, mon pauvre ami? Vous avez l'air bien triste aujourd'hui."

Le singe répondit:

"Eh bien, voilà! J'ai étudié ce livre à fond et je voudrais vous poser une seule question: — Est-ce bien vrai que je suis le frère de mon professeur?"

"C'est bien ce que dit ce savant, Charles Darwin, mon ami," répondit Monsieur Dumesnil d'un sourire amical.

"Quelle insulte!" s'écria le singe et il s'en alla dans la forêt rejoindre ses vrais frères. On ne le revit jamais plus.

I   1. De qui s'agit-il dans cette histoire?
    2. Où demeurait Monsieur Dumesnil? En France?
    3. Dans quel pays se trouve Dakar?
    4. Et dans quel continent?
    5. Que faisait Monsieur Dumesnil comme travail?
    6. A quoi s'intéressait-il beaucoup?
    7. A quel animal s'intéressait-il le plus?
    8. Quelle relation existe entre les singes et les êtres humains?
    9. Est-ce que le collègue de Monsieur Dumesnil le prenait au sérieux?

II   1. Pourquoi Monsieur Dumesnil a-t-il choisi ce singe pour l'expérience?
    2. Quelle était l'attitude de l'animal envers son maître?
    3. Sur quoi le professeur a-t-il basé sa méthode?

4. Qu'a-t-il essayé d'abord de faire ?
5. Pourquoi le singe a-t-il été surpris ?
6. Quels étaient les premiers mots qu'il a enseignés au singe ?
7. Qu'est-ce que l'animal a pu faire assez vite ?
8. Pourquoi Monsieur Dumesnil a-t-il consacré encore plus de temps par jour à son expérience ?
9. Qu'est-ce qu'il n'aurait pas dû faire ?
10. Qu'est-ce que le singe savait faire au bout de deux ans ?

III 1. Qu'est-ce que le singe savait faire au bout de quatre ans ?
2. A quoi le singe s'intéressait-il beaucoup ?
3. A quelle espèce de livre s'intéressait-il le plus ?
4. De quoi aimait-il discuter avec son maître ?
5. Monsieur Dumesnil avait-il perdu son pari ?
6. Qu'est-ce qu'il avait réussi à faire ?
7. Quelle était l'opinion de tout le monde en ce qui concerne cette expérience ?
8. Quelle était la réaction de Monsieur Dumesnil à toutes les félicitations ?
9. Que faisait le singe un jour dans le cabinet d'étude ?
10. Etait-il debout ?

IV 1. Qui était Charles Darwin ?
2. A-t-il écrit son livre en français ?
3. Quelle langue le singe avait-il apprise ?
4. Comment le singe a-t-il donc pu lire un livre écrit par un anglais ?
5. Quelle vérité scientifique Darwin a-t-il découverte ?
6. En quelle année Darwin est-il né ? (1809) (*en toutes lettres*)
7. Quand est-il mort ? (1882)
8. Combien de temps a-t-il vécu ?
9. En quel siècle ?
10. Le singe était-il heureux de voir Monsieur Dumesnil ?
11. Qu'est-ce que celui-ci lui a demandé ? (*style indirect*)

V 1. Qu'est-ce que le singe venait de faire ?
2. Qu'est-ce qu'il voulait savoir ? (*style indirect*)
3. Quelle a été la réaction de Monsieur Dumesnil à cette question ?
4. Quelle a été sa réponse ?

5. Le singe a-t-il été flatté par cette réponse ?
6. Qu'a-t-il fait ?
7. Pourquoi est-il reparti dans la forêt ?
8. Quand est-il revenu chez Monsieur Dumesnil ?
9. Cette histoire est-elle vraie ou fausse, à votre avis ?
10. Pourquoi ?

Dialogues

[a] (Jean), à quel sport vous intéressez-vous beaucoup ?
— Je m'intéresse au rugby, monsieur.
Et vous, (Monique) ?
— Je m'intéresse au tennis, monsieur.
A quel sport Jean s'intéresse-t-il ?
— Il s'intéresse au rugby.
(*Et ainsi de suite*)

[b] (Richard), à quelle matière scolaire vous intéressez-vous beaucoup ?
— Je m'intéresse à la géographie, monsieur.
(*Et ainsi de suite*)

[c] (Marianne), vous intéressez-vous plutôt aux échecs qu'au tennis ?
— Je m'intéresse plutôt au tennis, monsieur.
(*Et ainsi de suite:* la radio ou la télévision
le théâtre ou le cinéma
la natation ou l'équitation
la peinture ou la musique
les sports ou la politique)
(*De même:* A quoi s'intéresse-t-il (elle) ?)

VI *Vocabulaire*
parvenir à = réussir à

traduire	lire	écrire	témoigner
la traduction	la lecture	l'écriture	le témoignage
un traducteur	un lecteur	un écrivain	un témoin
enseigner	parler	étudier	
l'enseignement	la parole	un(e) étudiant(e)	
		les études	

un(e) ami(e)	une habitude	intelligent	parier
amical	habituel(le)	l'intelligence	un pari
l'amitié			

discuter	travailler	génial
une discussion	le travail	un génie
	un travailleur	

VII *Apprenez:*

Il se moquait de son collègue.

Il jouissait d'une bonne | santé.
| réputation.

Il lui témoignait une grande amitié.

Il témoignait un grand plaisir à le voir.

Le singe commença par imiter son maître.

Il finit par lire des livres assez difficiles.

Il prenait plaisir | à imiter son maître.
| à parler français.
| à de longues discussions avec son maître.
| à la lecture.

On ne le revit jamais plus.

Le singe savait | parler français.
| lire des livres difficiles.
| discuter avec son maître.

VIII [a] de bonnes leçons   des leçons intéressantes
        de longues heures   des heures agréables
        de longues discussions   des discussions interminables

     [b] le singe le plus intelligent *du* zoo
        l'homme le plus heureux *du* monde
        le livre le plus intéressant *de* la bibliothèque
        la ville la plus magnifique *de l'*Europe
        les livres les plus difficiles *de la* langue
        les phrases les plus compliquées *du* livre

IX *Ecrivez le passé historique de:*

choisir, s'en aller, avoir, revoir.

X *Rédaction*

Racontez une histoire au sujet d'un singe.

Leçon 31

Le sauvetage

Il y avait une fois trois jeunes amis qui étaient professeurs dans un lycée parisien. Richard, le plus âgé des trois, avait vingt-neuf ans; il enseignait l'histoire; Henri avait vingt-huit ans, il enseignait l'anglais, et Georges, le plus jeune, enseignait la géographie; il n'avait que vingt-six ans. Ils allaient partout ensemble, si bien qu'on les appelait "Les Trois Mousquetaires."

Richard et Henri savaient bien nager et ils avaient fait des exercices de sauvetage, dont ils étaient très fiers. Cependant Georges apprenait à nager depuis quelques mois seulement. Ses grosses jambes étaient très lourdes et il ne pouvait pas les maintenir à la surface. Pourtant il ne se décourageait pas facilement et continuait à prendre des leçons.

Enfin les grandes vacances arrivèrent et les trois amis partirent pour la Savoie. Ils avaient une vieille voiture qui ne marchait pas très bien, mais après avoir eu deux pannes et un pneu crevé, ils arrivèrent enfin à Annecy dans les Alpes Françaises. Le lendemain de leur arrivée ils se dirigèrent vers la piscine. Georges ne voulait pas rester dans le bain pour débutants, qui n'avait qu'un mètre vingt de profondeur. Il désirait nager dans le lac jusqu'au radeau, qui se trouvait à vingt mètres de la rive.

Mais l'eau du lac avait au moins dix mètres de profondeur, et ses amis lui conseillèrent de rester dans la piscine, mais en vain.

Alors Richard et Henri décidèrent de l'accompagner et ils partirent ensemble pour le radeau. Ils n'avaient pas fait plus de cinq mètres, que Georges eut peur et s'accrocha au cou de Richard, qui était très mince et

léger, et bien moins fort que lui. Il
en résulta que les deux hommes
disparurent sous l'eau. Richard ne
pouvait rien faire; il n'avait la force ni
de se dégager de Georges, ni de
l'immobiliser comme on lui avait
appris à faire. Il était sûr qu'il allait
mourir. Cependant au bout d'un
moment qui sembla interminable, les
deux hommes remontèrent à la surface.

Georges lâcha prise et s'accrocha ensuite à Henri qui était plus grand
et plus fort que lui. Henri, non plus, ne pouvait rien faire malgré ses
leçons et disparut avec Georges. Pendant qu'ils étaient sous l'eau,
Richard eut le temps de reprendre haleine et put attirer l'attention d'un
jeune Suisse qui était sur la rive. Celui-ci plongea tout de suite dans le
lac, saisit le pauvre Georges quand il apparut pour la deuxième fois et
l'immobilisa d'un seul coup. Alors il l'amena vite jusqu'au bord, pendant que les deux autres, tout honteux, nageaient lentement derrière lui.

I   1. Quelle était la profession des trois amis?
    2. Est-ce qu'ils avaient le même âge?
    3. Quelle matière Richard enseignait-il?
    4. Et moi, quelle matière est-ce que j'enseigne?
    5. Quelle matière préférez-vous?
    6. Qu'est-ce que Georges enseignait?
    7. Pourquoi est-ce qu'on les appelait "Les Trois Mousquetaires"?
    8. Tous les trois savaient-ils bien nager?
    9. De quoi Richard était-il très fier?
  10. Depuis combien de temps Georges apprenait-il à nager?

II   1. Pourquoi Georges ne pouvait-il pas maintenir ses jambes à la
      surface de l'eau?
    2. A-t-il cessé de prendre des leçons?
    3. Donnez quelques renseignements sur la Savoie.
    4. Est-ce que les trois jeunes hommes venaient d'acheter une
      nouvelle auto?
    5. Qu'est-ce qui est arrivé pendant le voyage?

6. Qu'est-ce que c'est qu'une panne ?
7. Que faut-il faire quand on a un pneu crevé ?
8. Est-ce qu'ils sont allés se baigner le jour de leur arrivée ?
9. De quelle profondeur était l'eau dans la piscine pour débutants ?
10. Et dans le lac ?

III 1. A quelle distance de la rive se trouvait le radeau ?
2. Qu'est-ce que Richard et Henri ont conseillé à Georges de faire ?
3. A-t-il suivi leurs conseils ? Pourquoi pas ?
4. Est-il parti seul pour le radeau ?
5. Pourquoi s'est-il accroché au cou de Richard ?
6. Comparez la taille et la force de Richard et de Georges.
7. Qu'est-ce qui est arrivé aux deux hommes ?
8. Que faut-il faire quand quelqu'un s'accroche à votre cou dans l'eau ?
9. Richard a-t-il pu immobiliser son ami ? Pourquoi pas ?
10. Est-ce que les deux amis se sont noyés ?

IV 1. Qu'est-ce qui est arrivé quand Richard et Georges ont reparu à la surface ?
2. Comparez la taille et la force de Georges et d'Henri.
3. Henri a-t-il réussi à sauver son ami ?
4. Est-ce qu'ils sont tous les deux restés à la surface ?
5. Qu'est-ce que Richard a pu faire après avoir repris haleine ?
6. Qu'est-ce que le Suisse a pu faire en arrivant près de Georges ?
7. Est-ce qu'il l'a amené jusqu'au radeau ?
8. Les deux autres ont-ils aidé à sauver Georges ?
9. Comment étaient-ils ?
10. Pourquoi ?
11. Georges était-il mort ?

V 1. Est-ce que Bordeaux est dans l'est de la France ?
2. Sur quel fleuve se trouve Bordeaux ?
3. Est-ce que la Savoie est dans le Midi ?
4. Quelle est la plus haute montagne de la Savoie ?
5. Est-ce qu'Annecy est en Normandie ?
6. Quelles langues apprenez-vous ?

7. Depuis combien de temps apprenez-vous le français ?
8. En quel mois commencent les grandes vacances en France ?
9. Combien de temps durent-elles à votre école ?
10. Et en France ?
11. Savez-vous nager et danser ?
12. Savez-vous patiner et faire du ski ?
13. Savez-vous jouer du piano et de la guitare ?

VI [a] Qu'est-ce que Richard et Henri ont conseillé à Georges de faire ?

Ils lui ont conseillé | d'aller à la piscine.
| de rester dans la piscine pour débutants.
| de prendre des leçons de natation.
| de ne pas nager jusqu'au radeau.
| de ne pas s'accrocher au cou de quelqu'un.

[b] Richard et Henri n'ont pas réussi à | immobiliser Georges.
| amener Georges jusqu'à la rive.
| sauver la vie à Georges.

VII Vous avez été au bord de la mer pendant les vacances d'été.
1. Où êtes-vous allé(e) passer les vacances ?
2. Avec qui ?
3. Vous êtes arrivé(e) sur la plage. Qu'est-ce que vous avez fait ? (Nager, prendre un bain de soleil, faire une excursion en bateau, faire du ski nautique, etc.)
4. Qu'est-ce que les autres ont fait sur la plage ?
5. Qu'est-ce que vous avez fait le soir ?
6. A quelle heure vous êtes-vous couché(e) ?
Servez-vous de ces questions pour faire une rédaction:
"Mes vacances au bord de la mer."

VIII *Apprenez:*
Il n'avait que vingt-six ans.
Le bain n'avait qu'un mètre vingt de profondeur.
L'eau du lac avait dix mètres de profondeur.
Il ne se décourageait pas.
Ils n'avaient pas fait plus de cinq mètres.

Richard ne pouvait rien faire.

Il n'avait la force ni de se dégager ni d'immobiliser son ami.

IX *Vocabulaire*

[a]

enseigner	nager	sauver
l'enseignement	la natation	le sauvetage
	un nageur	

fort	faible	grand
la force	la faiblesse	la grandeur

gros	mince	profond
la grosseur	la minceur	la profondeur

[b] *Donnez le contraire de:*
gros, lourd, facile, vieux, lentement, paraître, devant, arrêter, la force, faux.

X *Dictée*

1. Enfin les grandes vacances sont arrivées.
2. La voiture qu'ils avaient achetée était vieille.
3. Ils sont enfin arrivés à Annecy, en Savoie.
4. Le lendemain ils se sont dirigés vers la piscine.
5. Georges n'a pas voulu rester près de la rive.
6. Les deux hommes sont remontés à la surface de l'eau.
7. Les deux autres, tout honteux, nageaient lentement derrière le jeune Suisse.

XI *Faites l'accord:*
fier: les belles robes dont elle était (. . .)
      les exercices dont ils étaient (. . .)
      la nouvelle voiture dont elle était (. . .)
      la maison dont elles étaient (. . .)
      la moto dont il était très (. . .)

XII *Georges raconte à un ami ce qui lui est arrivé:*
"Le lendemain de notre arrivée à Annecy nous sommes allés à la piscine . . . "

Leçon 32

Un pionnier de l'air

(*Jean Mermoz était l'un des pilotes courageux d'avant-guerre. Il a créé la ligne commerciale Afrique–Amérique du Sud. Il a été le premier à réussir les vols de nuit en Amérique du Sud et puis à fonder les traversées postales aériennes de la Cordillère des Andes. A bord de son avion, la Croix-du-Sud, il devait disparaître dans l'océan en 1936.*

Voici l'histoire véritable d'une de ses innombrables aventures.)

Un jour Mermoz et son mécanicien Collenot durent atterrir dans la neige sur une montagne dans la Cordillère des Andes. Ils étaient à plus de 4.000 mètres. Il faisait 25 ou 30 degrés au-dessous de zéro. Ils essayèrent plusieurs fois de décoller, mais en vain. Ils n'avaient pas de vivres. S'ils restaient là-haut, ils mourraient vite de faim et de froid!

"Les tubes du radiateur ont éclaté," dit Mermoz. "Il faut les réparer. C'est notre dernière chance."

Ils passèrent toute la journée à essayer de boucher les trous avec des bandes de toile et de coton. L'eau fuyait toujours. Mais ils ne se découragèrent pas, et enfin les trous du radiateur furent bouchés, et ils purent décoller. L'avion s'envola et ils naviguèrent entre les pics et dans les vallées, évitant tous les obstacles. Ils traversèrent les montagnes, les abîmes, et les forêts et enfin survolèrent la plaine. C'était la délivrance.

Deux minutes plus tard le moteur s'arrêta. L'eau avait recommencé à couler du radiateur. Mais Mermoz et Collenot en riaient tous les deux. Ils savaient bien qu'ils pourraient maintenant atterrir.

En bas, sur l'aérodrome de Copiapo, au Chili, tous les regards se levèrent.

"Quel est donc cet avion qui descend, hélices arrêtées, décrivant des cercles si parfaits? Il faut être un fameux pilote pour avoir coupé son moteur aussi loin et aussi haut!"

184

"Regardez-le! Le voilà qui atterrit!"

Les mécaniciens chiliens furent stupéfaits. Qu'est-ce que c'est que cet avion, l'appareil d'atterrissage à moitié écrasé, le radiateur dont l'eau fuyait de partout, avec des bouts de toile et de coton, le pare-brise en morceaux, le fuselage crevé, couvert d'huile brûlée et noire? Quels étaient ces deux spectres qui descendaient tachés d'huile et s'avançaient en chancelant? Mais c'était Mermoz avec son mécanicien que la radio avait signalés comme perdus depuis deux jours dans la Cordillère, et qu'aucune des reconnaissances aériennes lancées à leur recherche n'avait réussi à découvrir! D'où arrivaient-ils? C'était incroyable.

En effet, lorsqu'ils racontèrent leur histoire, personne ne voulut les croire. Atterrir là-haut, en pleine montagne, à 4.000 mètres, en repartir deux jours plus tard sans avoir rien mangé, par vingt degrés de froid, évitant tous les obstacles, avec un radiateur crevé, allons, soyez sérieux!

L'histoire se répandit dans toute la ville. Et finalement on voulut en être sûr. Pourquoi une expédition ne monterait-elle pas là-haut? On connaîtrait enfin la vérité; si les deux Français n'avaient pas menti, on retrouverait bien leurs traces et les objets qu'ils prétendaient avoir laissés.

Et l'expédition partit, véritable caravane avec vivres et bagages. Quinze jours plus tard, elle était de retour à Copiapo, muette d'étonnement et d'admiration. Elle rapportait les réservoirs à essence abandonnés et la caisse d'outils de Mermoz, trouvés là-haut sur place.

(d'après) René Chambe, *Enlevez les cales*, Editions Baudinière

I   1. Quand Mermoz est-il mort? Comment?
    2. Au-dessus de quel continent a-t-il réussi des vols de nuit?
    3. Etait-il pilote militaire?
    4. Qu'est-ce qu'il a réussi à fonder?
    5. Qu'est-ce que c'est que la Cordillère des Andes?
    6. Qu'est-ce que Mermoz et Collenot ont dû faire un jour dans les Andes?
    7. Pourquoi faisait-il si froid?
    8. Ont-ils pu repartir aussitôt? Pourquoi pas?
    9. Qu'est-ce qui arriverait s'ils restaient là-haut?
    10. Qu'est-ce qu'il fallait faire avant de pouvoir partir?

II
1. De quoi se sont-ils servis pour boucher les trous du radiateur ?
2. Quand ont-ils pu repartir ?
3. Qu'ont-ils réussi à traverser ?
4. Leur moteur s'est-il arrêté avant de survoler la plaine ?
5. Pourquoi le moteur s'est-il enfin arrêté ?
6. Quelle a été la réaction des aviateurs en arrivant au-dessus de la plaine ?
7. Pourquoi étaient-ils alors très contents ?
8. Pourquoi les spectateurs ont-ils admiré l'atterrissage ?
9. Pourquoi les mécaniciens ont-ils été stupéfaits en examinant l'avion de près ?
10. A quoi sert un pare-brise ?

III
1. De quelle manière les aviateurs marchaient-ils après être descendus ?
2. A quoi ressemblaient-ils ?
3. Qu'est-ce que la radio venait de signaler ?
4. Pourquoi avait-on lancé des recherches aériennes ?
5. Pourquoi les habitants de la ville de Copiapo ne voulaient-ils pas croire les deux aviateurs ?
6. Qu'est-ce que ces habitants ont décidé de faire ?
7. Qu'est-ce qu'ils espéraient retrouver là-haut ?
8. Quand l'expédition est-elle revenue ?
9. Quelles preuves a-t-on découvertes que l'histoire de Mermoz était vraisemblable ?

IV De retour en France Collenot raconte cette aventure à sa femme: "Nous . . . "

V *Vocabulaire*
[a] décoller   = repartir
    les vivres   = la nourriture, l'alimentation
    boucher   = on bouche ou on débouche une bouteille avec un bouchon.
    la toile   = on fabrique les tentes avec de la toile.
    fuir   = échapper, couler (l'eau)

un pic	= le sommet d'une montagne
une hélice	= *propeller*
un pare-brise	= la vitre qui protège le pilote de la brise, du vent
un spectre	= un fantôme
chanceler	= *to stagger*
mentir	= le contraire de "dire la vérité"
une caisse	= une grande boîte
un outil	= une hache, un couteau, des ciseaux sont des outils.

[b] mentir   la vérité
   le mensonge   véritable
  un menteur   vrai(e)

l'étonnement   l'admiration   l'atterrissage
s'étonner   admirer   atterrir

Un homme muet ne peut pas parler.
Un homme sourd ne peut rien entendre.
Un homme aveugle ne peut pas voir.

VI *Faites des phrases:*

[a] Ils ont | dû | atterrir dans la neige.
          | pu | réparer le radiateur crevé.
                 | décoller.
                 | éviter tous les obstacles.
                 | descendre le moteur coupé.

[b] Ils se sont mis | à | boucher les trous.
   Ils ont passé la journée | | réparer le radiateur.
   Ils ont réussi

VII *Phrases à étudier*
1. S'ils restaient là-haut, ils mourraient vite de faim et de froid.
2. S'ils ne bouchaient pas les trous, ils ne pourraient jamais repartir.
3. S'ils arrivaient au-dessus de la plaine, ils seraient sauvés, car ils pourraient facilement descendre.
4. Si une expédition montait là-haut, on connaîtrait la vérité.

187

5. Si les deux Français n'avaient pas menti, on retrouverait bien leurs traces.
6. Si Mermoz n'avait pas été un fameux pilote ils n'auraient pas pu descendre le moteur coupé.

VIII *Faites l'accord:*
1. Avec quoi avaient-ils bouch– les trous?
   — Il les avaient bouch– avec des bouts de toile et de coton.
2. Comment avaient-ils travers– les montagnes?
   — Ils les avaient travers– dans un vieil avion.
3. Quand avait-on lanc– des recherches aériennes?
   — On les avait lanc– deux jours auparavant.
4. Qu'est-ce qu'on avait fait des réservoirs à essence?
   — On les avait abandonn– là-haut.
5. L'histoire qu'ils avaient racont– était invraisemblable.
6. Les Chiliens voulaient examiner les objets que les Français avaient laiss– sur la montagne.
7. Où ont-ils trouv– la caisse d'outils?
   — Ils l'ont trouv– sur place.

IX *Ecrivez le passé historique de:*
devoir, être, pouvoir, se répandre.

X *Rédaction*
Vous allez de Londres à Paris en avion. Décrivez le voyage. Quand avez-vous fait ce voyage? Pourquoi? Où avez-vous pris le car pour l'aéroport de Londres? Arrivée à l'aéroport. Contrôle des passeports, de la douane. Comment êtes-vous monté(e) dans l'avion? Quelle sorte d'avion? L'hôtesse de l'air vous a reçu(e). Le voyage. Avez-vous eu le mal de l'air? Ceintures de sécurité. Qu'est-ce que vous avez vu pendant la traversée? A quel aéroport êtes-vous arrivé(e)? Comment êtes-vous allé(e) à Paris? Arrivée à l'aérogare des Invalides. Qui vous a rencontré(e)?

Leçon 33

Une femme querelleuse

Un fermier anglais s'établit dans un pays d'Afrique et acheta une ferme isolée dans les environs d'un village où il y avait beaucoup de lions.

Le pauvre homme avait épousé une femme d'une humeur très querelleuse de sorte que les deux époux vivaient comme chien et chat.

Un jour un voyageur qui passait près de la ferme, voyant un immense lion entrer par la fenêtre de la cuisine, alla le dire au fermier qui était en train de labourer ses champs, et lui demanda s'il y avait quelqu'un chez lui.

"Rien que ma femme, en train de préparer des gâteaux," répondit le mari.

"Alors prenez votre fusil et courez chez vous."

"Mais le lion est-il entré dans la cuisine sans être poursuivi?"

"Absolument de son propre gré."

"Alors il n'a rien à me reprocher. Qu'il se défende de ma femme comme il pourra!"

I   1. Où le fermier s'est-il établi?
      2. De quelle nationalité était-il?
      3. Que savez-vous de sa femme?
      4. Leur mariage était-il heureux?
      5. Pourquoi le voyageur s'est-il approché du fermier?
      6. Que faisait le mari quand le voyageur l'a trouvé?
      7. Combien de personnes y avait-il dans la cuisine?
      8. Que faisait la fermière?
      9. Qu'est-ce que le voyageur a demandé au fermier de faire?
    10. Pourquoi lui a-t-il dit de prendre son fusil?
    11. Pourquoi le fermier a-t-il décidé de ne rien faire?
    12. Comment appelle-t-on celui qui laboure les champs?

Revision

II Jeudi dernier Guillaume et sa sœur Juliette ont eu congé.
Ils se sont levés à huit heures et ils se sont habillés lentement.
Ils ont pris le petit déjeuner et sont sortis à neuf heures.
Ils ont attendu l'autobus 169 au coin de la rue.
Quand l'autobus est arrivé, ils y sont montés.
Ils ont acheté un billet pour le Pont St.-Michel.
Arrivés à la place St.-Michel ils sont descendus.
Ils ont suivi le boulevard St.-Michel jusqu'à la place de la Sorbonne,
    où ils ont rencontré des amis.
Guillaume a joué au ping-pong au Café des Sports.
Juliette a bavardé jusqu'à midi.
Ils se sont rencontrés devant la Sorbonne.
Puis tous deux sont rentrés.

Modèle
Quand se sont-ils habillés?
—Après s'être levés.

    1. Quand ont-ils pris le petit déjeuner? Après . . .
    2. Quand sont-ils sortis? Après . . .
    3. Quand ont-ils acheté un billet? Après . . .
    4. Quand sont-ils descendus? Après . . .
    5. Quand ont-ils rencontré des amis? Après . . .

6. Qu'est-ce que Guillaume a passé la matinée à faire?
7. Et Juliette?
8. Quand sont-ils rentrés? Après . . .

III Paul est un bon élève; il fait toujours ce que je lui dis de faire.
Que ferait-il donc si je lui disais:
   1. d'ouvrir la fenêtre?
   2. de venir au tableau?
   3. de prendre la craie?
   4. d'écrire son nom au tableau?
   5. de retourner à sa place?
   6. de s'asseoir?
   7. de poser des questions à la classe?
   8. de répondre à mes questions?
   9. de raconter une histoire?
   10. de commencer à lire?
   (*De même avec deux élèves; et* "Que feriez-vous si je vous disais de
   de . . . ?"

IV Qu'est-ce que vous feriez:
   1. si vous aviez faim?
   2. si vous aviez soif?
   3. si vous aviez très chaud?
   4. si vous aviez froid?
   5. si vous aviez sommeil?
   6. si vous aviez mal au ventre?
   7. si vous vouliez voir un film?
   8. si vous aviez congé cet après-midi?
   9. si on vous donnait cinq livres?
   10. si on vous donnait cent livres?

V *A la ferme*
   1. Quels animaux voit-on normalement dans une ferme?
   2. Où dorment les vaches?
   3. Et les chevaux?
   4. Que mangent-ils?
   5. Qu'est-ce que les vaches nous donnent?

6. Et les moutons?
7. Que fait un fermier comme travail? (*trois choses*)
8. Et une fermière? (*trois choses*)
9. Est-ce que les moutons courent plus vite que les chevaux?
10. Est-ce que les fermiers se lèvent tard le matin?
11. Avec quoi est-ce qu'un fermier laboure les champs?
12. Est-ce que les fermiers ont tous des tracteurs?

VI [a] *Modèle* (exercice oral)
Avez-vous fini d'(écrire vos lettres*)
— Mais non, je (les écris) depuis (des heures†), mais je ne (les) ai pas encore fini(es).
(ou je n'ai pas encore fini de . . .)

*faire vos devoirs	†une demi-heure
laver votre voiture	une heure et demie
réparer votre vélo	deux heures
lire le livre que je vous ai prêté	trois quarts d'heure
faire la rédaction	midi
écouter les disques que je vous ai achetés	cinq heures
faire le ménage	(etc).
faire la vaisselle	
regarder la télévision	
jouer aux cartes	
apprendre à conduire	
travailler dans le jardin	
(etc.)	

[b] Hier soir, quand vous avez reçu le coup de téléphone, aviez-vous déjà fini d'(écrire vos lettres*)?
— Non, je (les écrivais) depuis une heure†, mais je ne (les) avais pas encore fini(es), etc. (*as with* [a]) (*ou* je n'avais pas encore fini de . . .)

VII *Test*

> *Histoire en images* (p. 193)
> *Juste à temps*

Ecrivez cette histoire au passé. (150 mots)

VIII *Modèle*

Le singe lisait un livre. Le titre de ce livre était *De l'Origine des espèces*.

— Le singe lisait un livre *dont* le titre était . . .

1. Elle parlait de son château. Les jardins de ce château étaient magnifiques.
2. Ils avaient une petite voiture. Les pneus de cette voiture étaient usés.
3. Elle m'a montré une photo de la piscine. J'avais toujours admiré sa situation.
4. Il est sorti de la cale. Un marin venait d'ouvrir la trappe de cette cale.
5. Il lui décrivait des villes lointaines. Il avait déjà parlé de ces villes.
6. Il était assis sur une grande caisse. Il voulait savoir sa destination.
7. Je lui ai donné la bouteille de vin. J'en avais déjà bu la plupart la veille.
8. Nous sommes arrivés a l'île de Guernesey. Le climat de cette île est si doux.

IX *Histoire en images* (p. 195)

    L'inondation

1. Deux messieurs descendent la colline en voiture. Orage. Eclairs. Tonnerre. Il pleut à verse.
2. Ils arrivent devant un pont. Une inondation. Où ? Ils s'arrêtent. Pourquoi ? Qu'est-ce qu'ils décident de faire ? Pourquoi ?
3. Qu'est-ce qui est arrivé ? Pourquoi ? Qu'est-ce qu'ils ont dû faire ? Pourquoi ?
4. Que voient-ils ? Que font-ils ?
5. Qu'est-ce qui tombe près de la voiture ?
6. Que font-ils ? Que devront-ils faire plus tard ?

Ecrivez cette histoire au passé. (150 mots)

195

Le présentateur: Aujourd'hui je vous présente un jeune Anglais, John Smith. Il parle bien le français car il a passé une année à Paris. Il a choisi d'être interrogé sur des questions générales.

Et maintenant, voici notre première question, sur Paris, en trois parties:

Qu'est-ce que [a] la place du Tertre?
           [b] le Jeu de Paume?
           [c] le Quartier Latin?

John: La place du Tertre est située sur la Butte Montmartre, où se trouve le Sacré-Cœur. C'est ici que beaucoup de peintres français et étrangers aiment travailler.

Le Jeu de Paume est situé dans le Jardin des Tuileries tout près de la place de la Concorde. C'est un bâtiment où se trouve une belle collection des œuvres des meilleurs artistes impressionnistes, tels que Monet, Manet, Renoir, Sisley.

Le Quartier Latin est le quartier des étudiants, sur la rive gauche de la Seine, où se trouvent la Sorbonne, et quelques-unes des grandes écoles. Le boulevard St.-Michel mène de la Seine jusqu'au Jardin du Luxembourg. Les cafés du "Boul'Mich" sont toujours remplis d'étudiants qui discutent de politique, de philosophie, de religion, de littérature ou de sports.

Le présentateur: Excellent. Comparez le métro de Londres avec celui de Paris, et citez trois différences.

John: 1° A Paris on a le même billet pour tous les trajets, tandis qu'à Londres il faut payer selon la longueur du trajet.

2° A Paris il y a deux classes; à Londres il n'y en a qu'une seule.

3° A Paris il y a un portillon automatique à l'entrée du quai, qui se ferme juste à l'arrivée du train. Cela empêche les voyageurs de monter dans le train en marche. Il n'y a pas de portillon à Londres.

Le présentateur: Epatant. Et maintenant, une question sur les sports en France. Qu'est-ce que "la pelote"?

John: C'est le jeu traditionnel des Basques qui habitent dans le sud-ouest de la France, à la frontière espagnole. On y joue sur un terrain très dur au bout duquel il y a un mur très haut et blanc qui s'appelle le

fronton. On attrape la balle dans un long panier courbé et on la jette contre le mur. La balle ne peut toucher terre qu'une fois. C'est un jeu très rapide et difficile. Il y a également plusieurs autres manières de jouer à la pelote basque, dont la plus répandue est à main nue.

Le présentateur: Très bien. Etes-vous déjà allé au pays basque?

John: Oui, monsieur. On m'a invité à y passer deux semaines l'année dernière et j'ai souvent assisté à des parties de pelote.

Le présentateur: Bon, et pour finir parlons de la musique. Nommez deux musiciens célèbres français.

John: Ah, monsieur, je ne suis pas très fort en musique. Tant pis. Il y a Chopin, n'est-ce pas ? Et je ne connais pas d'autres musiciens français.

Le présentateur: Non, monsieur, Chopin a vécu en France pendant longtemps, mais il était Polonais. Vous auriez pu dire Debussy et Ravel. En tout cas vous avez très bien répondu aux autres questions, et je peux tout de même vous donner une bonne récompense — voici un beau tourne-disques. N'oubliez pas d'acheter beaucoup de disques français.

John: Merci beaucoup, monsieur.

(Demandez des renseignements sur Debussy et Ravel à votre professeur de musique. Demandez-lui de vous faire entendre quelques disques. Demandez à votre professeur de dessin de vous faire voir des reproductions des œuvres des artistes impressionnistes français.)

Comprehension Questions

Lesson 17 (*page* 100)
1. In what country does this story take place?
2. What was happening near the frontier towards the end of 1944?
3. Why were Madame Fellmann and her son living in the country?
4. Why were the Americans anxious to find shelter for the night?
5. Why did Madame Fellmann hesitate before allowing the soldiers to enter?
6. Why did she finally decide to give them shelter? (Two reasons)
7. What did Karl do to help the soldiers? (Three things)
8. How did Madame Fellmann treat them?
9. What did the author say about the appearance of the Americans?

Lesson 18 (*page* 106)
1. What did Madame Fellmann use as a bandage?
2. What were they all going to eat?
3. Did they begin to pluck the cock?
4. Why had Madame Fellmann fattened Hermann?
5. Why was Karl frightened when he opened the door? (Give three reasons)
6. What was Madame Fellmann's reaction when she saw the Germans, and afterwards?
7. How did she explain the situation to them?
8. What did she forbid them to do?
9. What weapons did they dump at the door?
10. How many people were now in the house?

Lesson 19 (*page* 113)
1. What was the general atmosphere at first, and why?
2. What did the wounded man need above all?

3. Why did the German soldier know what to do with him?
4. What brought tears to the eyes of the soldiers?
5. What were they probably thinking about?
6. How long did the armistice last?
7. How did they help Harry the following morning?
8. How did the Americans learn how to reach their own lines?
9. What was the general attitude of the Americans and Germans towards each other as they left?
10. Why do you think Madame Fellmann was reading the Bible when Karl returned?

Lesson 21 (*page* 125)

1. Why did Laurent tell his brother to go and fish by the canal? (Two reasons)
2. Why wouldn't he let him fish by his side?
3. What precautions did Laurent take when he found that his brother had gone to play near deep water?
4. Why didn't he want to go and bring him back?
5. What was the reaction of the fishermen on the opposite bank to Laurent's success?
6. What made Laurent jump up and run?
7. How did he feel whilst running?
8. Why did he jump into the deep water when he couldn't swim?
9. Did he save Silvère?
10. How did the incident finally end?

Lesson 22 (*page* 131)

1. What remarkable thing did Tchinab do?
2. What was Thomson's comment on this action?
3. How did they test the truth of his assertion?
4. What was Stany's first theory about this?
5. How did Thomson prove this idea to be false?
6. Where did Stany go after this incident?
7. Why did his friends decide to go to see Tchinab?
8. Why in fact did Tchinab stop in front of the temple?

Lesson 23 (*page* 138)

1. Why did the boat capsize? (Two reasons)
2. What reasons did Louhaut advance for not jumping into the water? (Five reasons)
3. What did his conscience say to him?
4. And the voice of prudence?
5. What finally decided him to try to save the man?
6. Did the man die?
7. How did Louhaut try to prevent the onset of rheumatism?
8. Why was Louhaut bored?

Lesson 25 (*page* 150)

1. Who started this experiment? When?
2. How were the children selected?
3. What equipment do they need?
4. How do they spend their time in the morning?
5. What results did the tests show in 1953?
6. What reasons were advanced for the improvements discovered?
7. Were the children often homesick? Why not?
8. How has the idea spread since 1953?

Lesson 26 (*page* 156)

1. What did Madame Henriot want to borrow first? Why?
2. How long did she want to keep it?
3. How long did she in fact keep it?
4. What did she ask for next? Why?
5. Why was Monsieur Lenoir furious?
6. Why did Madame Henriot want some butter?
7. Why did Madame Lenoir want some milk?
8. Why did she give Madame Henriot two bottles of milk?

Lesson 27 (*page* 160)

1. Why were the lions allowed to roam free?
2. Why did they rush towards the jeep?
3. Why couldn't the tourist escape in time?
4. What happened to the canvas roof of the jeep? Why?
5. Was the lion going to kill the tourist?

6. What did the tourist manage to do?
7. What helped him to recover his nerve?
8. What was his only regret?

Lesson 28 (*page* 165)
 1. What was the weather like on that night?
 2. What were the dimensions of the *Normandy*? And its age?
 3. Did the weather improve?
 4. What does the writer tell us about the *Mary*?
 5. How many people were on the *Normandy*?
 6. What did the passengers do when the collision occurred?
 7. Why didn't they all put life jackets on?
 8. Why did the engine stop?
 9. Why was it dangerous for the passengers to rush into the boats?
10. What was especially terrible about this catastrophe?

Lesson 32 (*page* 184)
 1. What does the author tell us about Mermoz? (Five things)
 2. Where are the Andes?
 3. Why would they die if they stayed where they had landed?
 4. Why couldn't they take off again?
 5. How did they manage to mend the leaks?
 6. Why were they happy when they reached the plain?
 7. In what country were they?
 8. Why were the mechanics at the aerodrome astonished at the landing?
    (Four reasons)
 9. Why didn't they believe Mermoz?
10. How did they prove that his story was true?

Summary of Grammar

ARTICLES

1 Omission of Indefinite Article

Omit **un** or **une**, when mentioning a person's nationality or occupation.

Il est français.	Il est ingénieur.
Elle est espagnole.	Elle est secrétaire.

But one may say:

C'est un Français.	C'est un ingénieur.

NOTE: Aimez-vous la confiture?
Le capitaine Peisson. (Leçon 29)
Il a les yeux noirs.
Elle lève le bras.
Je me brosse les cheveux.

2 Partitive (some, any)

	masculine	*feminine*
singular	**du** beurre	**de la** viande
	de l'argent	**de l'**eau
plural	**des** légumes	**des** bananes

NOTE: Il y a du vin dans le verre.
Il y a des pommes dans le panier.
Il n'y a pas *de* lait dans la bouteille.[1]
Il n'y a pas *de* bouteilles dans le panier.[1]
Il a vu *de* beaux meubles dans le salon.[2]
Il consacra *de* longues heures à son travail.[2]
Il y a beaucoup *de* vin dans la bouteille.[3]
Il y a très peu *de* lait dans le verre.[3]

Use **de** alone:
  [1] after a negative;
  [2] when an adjective precedes the noun in the plural;
  [3] after adverbs of quantity: e.g.
  assez de, moins de, autant de, peu de, beaucoup de, plus de, tant de.
  (BUT "plusieurs livres" and "la plupart *des* coureurs".)

NOUNS

1 Formation of Plurals

Most nouns add **-s** to the singular:

singular	*plural*
un garçon	des garçons
un arbre	des arbres

Nouns ending in **-s, -x** or **-z** in the singular do not change:

un bras	des bras
une voix	des voix
un nez	des nez

Other plurals:

un jeu	des jeux
un oiseau	des oiseaux
un cheval	des chevaux
un genou	des genoux
un bijou	des bijoux

NOTE: un monsieur	des messieurs
madame	mesdames
un œil	des yeux

2 Feminines

masculine	*feminine*
un maître	une maîtresse
un marchand	une marchande
un mari	une femme
un boulanger	une boulangère

un vendeur	une vendeuse
un roi	une reine
un veuf	une veuve
un neveu	une nièce
un héros	une héroïne
un acteur	une actrice

ADJECTIVES

1 Agreement

	masculine	feminine
singular	un livre vert	une cravate verte
	un cahier bleu	une lampe bleue
plural	des livres verts	des cravates vertes
	des cahiers bleus	des lampes bleues
singular	il est grand	elle est grande
plural	ils sont grands	elles sont grandes

Adjectives agree with the noun or pronoun they describe in gender and number. The feminine singular of most adjectives is formed by adding -e to the masculine singular. If the masculine singular already ends in -e there is no change in the feminine singular:

un veston jaune et rouge	une cravate jaune et rouge

Other feminine adjectives are formed as follows:

masculine	feminine
heureux, gracieux	heureuse, gracieuse
cher, fier, léger	chère, fière, légère
beau, nouveau	belle, nouvelle
blanc, sec	blanche, sèche
un vieux monsieur	une vieille dame
long, gros	longue, grosse
un chapeau neuf	une robe neuve
un bon potage	une bonne promenade
parisien	parisienne
sportif	sportive

cadet	cadette
frais	fraîche
inquiet	inquiète
tel	telle
pareil	pareille
doux	douce
favori	favorite
épais	épaisse

NOTE: (i) tout le monde   toute la famille
           tous les hommes   toutes les femmes
           Ils travaillent tous à Londres.

(ii) Two masculine forms in the singular:
      un beau château   un bel homme
      un nouveau tricot   un nouvel ami
      un vieux bâtiment   un vieil arbre
      Use the second form in the masculine singular, before a vowel or **h** mute.

The plural of most adjectives is formed by adding **-s** to the singular. If the masculine singular ends in **-s** or **-x**, there is no change in the plural:

	un cahier gris	des cahiers gris
	il est heureux	ils sont heureux
NOTE:	beau	beaux
	nouveau	nouveaux
	national	nationaux

2   Position

Most adjectives follow the noun:

un pupitre fermé, une femme furieuse, une chaise légère, un avion gris, un livre intéressant, le bras droit.

A few common adjectives precede the noun:

un grand immeuble, une petite souris, une jeune fille, le premier mois, un vieux monsieur, un long cou, une autre fois, un beau portrait, un nouveau magasin, un joli bouquet, un bon repas, ma chère amie, un gros bâton, un haut mur, un mauvais caractère.

3 Comparison

1. Comparative
   Un éléphant est plus grand qu'un chien.
   Madeleine est plus âgée que Suzanne.
   Un piano est plus lourd qu'une chaise.
   Ce livre est moins intéressant que celui-là.
   Richard est aussi grand que son frère.
   Il n'est pas si grand que son père.
   Il devenait de plus en plus inquiet. (*more and more*)
2. Superlative (formed by placing **le, la** or **les** before the comparative)
   Le caporal est le plus âgé des quatre soldats.
   Suzanne est la plus jeune des quatre.
   Marseille, Cherbourg et Le Havre sont les plus grands ports *de* France. (*in France*)
   Paris, Marseille et Lyon sont les plus grandes villes *de* France.
   C'est la meilleure femme *du* monde. (*in the world*)

NOTE:		
bon	meilleur	le meilleur
mauvais	pire (*or* plus mauvais)	le pire (le plus mauvais)
petit	moindre (*or* plus petit)	le moindre (le plus petit)

4 Demonstrative (this, that, these, those)

	masculine	*feminine*
singular	**ce** livre	**cette** règle
plural	**ces** livres	**ces** règles

Before a vowel or **h** mute, use **cet** for **ce**:
   cet enfant
   cet homme
ce jour-là = on that day

5 Possessive (my, his, her, our, your, their)

masculine singular	feminine singular	masculine and feminine plural
mon crayon	ma robe	mes chaussures
ton livre	ta serviette	tes chapeaux
son oncle	sa tante	ses cousins
notre garage	notre école	nos élèves
votre pantalon	votre cravate	vos oreilles
leur jardin	leur maison	leurs parents

NOTE: (i) mon encre, ton amie, son école.

Use **mon, ton, son,** instead of **ma, ta, sa,** before a feminine noun beginning with a vowel or **h** mute.

(ii) son père = his father *or* her father.

sa sœur = his sister *or* her sister.

ses frères = his brothers *or* her brothers.

6 Interrogative

Quel?

	masculine	feminine
singular	Quel âge avez-vous ?	Quelle heure est-il ?
plural	Quels livres y a-t-il dans votre serviette ?	Quelles fleurs y a-t-il dans votre jardin ?

PRONOUNS

1 Personal

1. Subject (see Verb Tables, page 226)

2. Direct object
(le, la, les)
Elle prend **un** couteau et **le** met sur la table.
Il prend **une** carafe et **la** met sur la table.
Ils ont pris leurs fusils et **les** ont déposés devant la porte.
Je **les** ai vues hier.

Il a saisi la dinde et l'a mise dans un sac.
Il a pris les valises et les a mises dans le coffre.

(me, te, nous, vous)
Il m'a remercié(e).   Il nous a emmené(e)s au cinéma.
Il t'a frappé(e).   Il vous a félicité(es).

3. Indirect object
(lui, leur)
Il a appelé Henriette et lui a donné un cadeau.
Madame Peisson a appelé son mari et lui a donné un tablier.
Qu'est-ce que Madame Fellmann a donné à manger aux soldats ?
— Elle leur a donné du poulet rôti.

(me, te, nous, vous)
Il m'a jeté la balle.
Il t'a répondu.
Il nous a envoyé des cadeaux.
Il vous a donné une bicyclette.

NOTES :
(i) Combien de bras avez-vous ?   — J'en ai deux.
(ii) Combien de frères avez-vous ?   — Je n'en ai pas.
(iii) Est-ce que vous allez à l'école le vendredi et le samedi ?
      — J'y vais le vendredi mais je n'y vais pas le samedi.
(iv) Moi, je prends le déjeuner à midi.
     Toi, tu vas chercher le poulet.
     C'est à lui.
     Il est plus âgé qu'elle.
     Il est parti avec eux (elles).
(v) En France on parle français.

4. Position of Object Pronouns
(a) Both direct and indirect object pronouns precede the verb,
    except when used in a sentence which expresses a positive
    command, e.g. :

Donnez-le à Jean.   Ne le donnez pas à Louis.
Mettez-la dans la boîte.   Ne la mettez pas dans le pupitre.
Envoyez-les à votre oncle.   Ne les envoyez pas à votre tante.
Donnez-lui le cahier.   Ne lui donnez pas le livre.

(b) Negative statements:
Il ne l'a pas vu(e).
Nous ne lui avons pas parlé.

(c) Order of pronouns when two come together before the verb:

(i)

me	le	e.g. Je vous le rendrai ce soir (page 158).
te	la	Il nous les a montrés.
(se)	les	
nous		
vous		
(se)		

(ii)

le	lui	e.g. Elle la lui a empruntée (page 158).
la	leur	
les		

(iii) **y** and **en** follow the others: e.g.:
Il l'y a envoyé.
Il nous y a conduits.
Il m'en a parlé.

2 Demonstrative

singular

masculine Ce chapeau est vert; **celui** de mon frère est gris.

feminine Cette robe est jaune; **celle** de ma mère est rouge.

plural

masculine Ces gants sont noirs; **ceux** de Robert sont blancs.

feminine Ces chaussures sont blanches; **celles** de Monique sont noires.

NOTE: (i) Celui-ci, celui-là, celle-ci, celle-là, etc.:
Voici deux stylos: celui-ci est à moi, celui-là est à ma mère.

(ii) Lequel de ces messieurs est votre professeur?
— **Celui qui** porte une rose à la boutonnière.
Laquelle de ces dames est la secrétaire?
— **Celle qui** sait parler français.
Lequel de vos chapeaux allez-vous porter ce soir?
— **Celui que** j'ai acheté hier.

Laquelle de ces robes devrais-je porter?
— **Celle que** je t'ai donnée pour ton anniversaire.
De même: ceux qui (que)
celles qui (que)

3 Possessive

singular		*plural*		
masculine	*feminine*	*masculine*	*feminine*	
le mien	la mienne	les miens	les miennes	*mine*
le tien	la tienne	les tiens	les tiennes	*yours*
le sien	la sienne	les siens	les siennes	*his, hers, its*
le nôtre	la nôtre	les nôtres		*ours*
le vôtre	la vôtre	les vôtres		*yours*
le leur	la leur	les leurs		*theirs*

e.g. Regardez nos stylos; **le mien** est rouge, **le vôtre** est noir.
Regardez nos cravates; **la mienne** est verte, **la vôtre** est bleue.
Regardez nos gants; **les miens** sont bruns, **les vôtres** sont blancs.
Regardez nos chaussures; **les miennes** sont grises, **les vôtres** sont blanches.
Martin dut mettre **la sienne** sur celle d'un vieillard (page 49).

4 Relative

1. Qui (who, which)
   Richard, qui était professeur d'histoire, avait vingt-neuf ans.
   Les deux lions qui s'approchaient avaient l'air féroce.

2. Que (whom, which, that)
   la jeune fille qu'il avait déjà vue
   les robes qu'elle avait achetées

3. Dont (of whom, of which, whose)
   la maison dont il avait déjà vu la photo

4. Lequel, laquelle, lesquels, lesquelles (which)
   le stylo avec lequel il écrivait
   la source dans laquelle le lion voulait boire (Leçon 3, ex. IX [a])

5. Ce qui, ce que (what)
   Il lui a dit ce qui se passait.
   Dites-moi ce que vous avez appris. (page 89)

5 Interrogative

(a) Qui travaille à la poste? (Who?)
    Qui est-ce qui travaille?

    Qui avez-vous rencontré ce matin? (Whom?)
    Qui est-ce que vous avez rencontré?

    Qu'est-ce qui est arrivé? (What has happened?)
    Qu'est-il arrivé?

    Que faites-vous? (What?)
    Qu'est-ce que vous faites?

    Avec quoi est-ce qu'on découpe le poulet? (With what?)
    De quoi allez-vous parler? (Of what?)

(b) Lequel? (Which?)
    Lequel de ces livres est rouge?
    Laquelle de ces serviettes est à vous?
    Lesquels de ces soldats sont Allemands?
    Lesquelles de ces femmes sont Françaises?

VERBS

1 Present Tense (*see Verb Tables, page* 226 ff.)

negative

je ne porte pas	je n'ai pas	je ne me lève pas
tu ne portes pas	tu n'as pas	tu ne te lèves pas
il ne porte pas	il n'a pas	il ne se lève pas
nous ne portons pas	nous n'avons pas	nous ne nous levons pas
vous ne portez pas	vous n'avez pas	vous ne vous levez pas
ils ne portent pas	ils n'ont pas	ils ne se lèvent pas

NOTES:

(i) For verbs like (a) manger, commencer
                    (b) mener, lever, acheter
                    (c) appeler, jeter
                    (d) espérer,   see Verb Tables.

(ii) Verbs in **-oyer** (e.g. *nettoyer, employer*) and in **-uyer** (e.g. *appuyer, essuyer, ennuyer*) change **y** to **i** before silent endings.
      e.g. j'emploie,   j'appuie
            nous employons   nous appuyons
            ils emploient   ils appuient
      With verbs in **-ayer** (e.g. *essayer, payer*) the change is optional:
      e.g. je paie *or* je paye

(iii) For use of *depuis* see "Structures" 7a (page 223).

2 Future Tense (*see Verb Tables, page* 226 *ff.*)

1. The future tense of most French verbs is formed by adding to the infinitive the following endings: **-ai, -as, -a, -ons, -ez, -ont**:
   e.g. je donnerai, tu donneras, il donnera, nous donnerons, vous donnerez, ils donneront

2. If the infinitive ends in **-re**, omit the **e**:
   e.g. j'entendrai, tu entendras, etc.

3. All verbs have the same endings in the future, but a few change their stems:
   e.g. avoir: j'aurai
         être: je serai

4. Refer to the verb tables for all these, and for verbs like *appeler, jeter, mener, lever.*

5. Future of verbs in **-oyer, -uyer**, change **y** to **i**.
                          j'emploierai   j'essuierai
   (optional with *payer, essayer*, etc.)

6. Negative: je ne donnerai pas
              tu ne donneras pas
              il ne donnera pas, etc.

   NOTE: Quand je **serai** malade, qui me soignera ? (Leçon 23)

3 Perfect Tense (*see Verb Tables, page* 226 ff.)

1. *negative*

je n'ai pas	donné
tu n'as pas	attendu
il n'a pas	fini
elle n'a pas	été
nous n'avons pas	eu
vous n'avez pas	fait
ils n'ont pas	pris
elles n'ont pas	mis

negative questions

N'a-t-il pas encore fini ses devoirs ?

N'avez-vous pas encore pris votre petit déjeuner ? etc.

2. These verbs (and their compounds) are conjugated with *être*:

arriver (arrivé), partir (parti), aller (allé), venir (venu), monter (monté), descendre (descendu), entrer (entré), sortir (sorti), rester (resté), tomber (tombé), naître (né), mourir (mort), retourner (retourné), e.g.:

je suis allé(e)	je ne suis pas venu(e)
tu es allé(e)	tu n'es pas venu(e)
il est allé	il n'est pas venu
elle est allée	elle n'est pas venue
nous sommes allé(e)s	nous ne sommes pas venu(e)s
vous êtes allé(es)	vous n'êtes pas venu(es)
ils sont allés	ils ne sont pas venus
elles sont allées	elles ne sont pas venues

questions

Est-il tombé ?

Etes-vous rentré(es) ?
  etc.

negative questions

N'est-il pas arrivé ?

Ne sont-ils pas encore montés ?
  etc.

NOTE: (devenir) je suis devenu(e)
      (repartir) je suis reparti(e)
      (remonter) je suis remonté(e)
      (revenir) je suis revenu(e)
      (rentrer) je suis rentré(e)

3. Negative of reflexive verbs:

je ne me suis pas levé(e)
tu ne t'es pas levé(e)
il ne s'est pas levé
elle ne s'est pas levée
nous ne nous sommes pas levé(e)s
vous ne vous êtes pas levé(es)
ils ne se sont pas levés
elles ne se sont pas levées

4. Agreement of the past participle

(*a*) With **être**
The past participle agrees with the subject of the verb:

e.g. il est venu, Madame Fellmann est sortie, les deux garçons sont tombés, elles sont restées.

(*b*) With **avoir**
The past participle agrees with the preceding direct object, which is usually l' (**le** or **la**), or **les**; **me, te, nous, vous**:

e.g. Avez-vous votre stylo? — Non, je l'ai donné à Marie.
Où est ma serviette? — Je l'ai cherchée partout.
Il a ramassé les livres et les a donnés au professeur.
Il a pris les armes et les a déposées par terre.

The preceding direct object may also be the relative pronoun **que**:

e.g. la maison qu'elle avait achetée.
Les glaces qu'elles avaient mangées étaient excellentes

or: Quels gâteaux avez-vous mangés?
Combien de robes avez-vous achetées?

(*c*) With reflexive verbs
Reflexive verbs are conjugated with **être**, but agree as if with **avoir**, i.e. with the preceding direct object: **me, te, se, nous, vous, se**:

e.g. Il s'est lavé.   Ils se sont levés.
Elle s'est réveillée.   Elles se sont arrêtées.

NOTE: The perfect tense is used to express single actions or events which have taken place in the recent past in (i) conversations, (ii) letters, (iii) stories, e.g. (i) Leçon 17, Conversation, (ii) Leçon 2, (iii) Leçon 1.

4 Imperfect Tense (*see Verb Tables, page* 226 ff.)

1. The endings are always the same.

2. The stem (i.e. verb without ending) is obtained from the first plural present tense, e.g. **nous finissons, je finissais.** (Exception: **nous sommes, j'étais.**)

3. The imperfect tense is used to describe:

(*a*) a scene or set of circumstances in the past:

e.g. il faisait un grand vent, il portait une capote, les enfants dormaient.

(*b*) habitual or usual happenings in the past:

e.g. Robert revenait tous les jours à 7 heures, Henri allait souvent au port.

(*c*) what was happening at some precise time in the past:

e.g. Il était huit heures du soir et nous préparions le dîner.

and what was happening when something else happened:

e.g. Je mettais le couvert quand on frappa à la porte.

5 Pluperfect Tense *see Verb Tables, page* 226 ff.)

negative
je n'avais pas donné
tu n'avais pas donné, etc.

je n'étais pas arrivé(e)
tu n'étais pas arrivé(e), etc.

je ne m'étais pas levé(e)
tu ne t'étais pas levé(e), etc.

negative questions
Pourquoi n'avait-elle rien dit à son mari?

6 The Past Historic (*see Verb Tables, page* 226 ff.)

1. There are three sets of endings:

(a)	(b)	(c)
-ai	-is	-us
-as	-is	-us
-a	-it	-ut
-âmes	-îmes	-ûmes
-âtes	-îtes	-ûtes
-èrent	-irent	-urent

2. The first singular gives the key to the stem and endings for any verb:
   e.g. je donnai (*a*) above
   je vendis (*b*) above
   je connus (*c*) above

3. The past historic is used in written narrative French to denote single actions in the past. (It is not used in letters or conversations.)

7 Conditional Tense (*see Verb Tables, page* 226 ff.)

1. The endings are always the same as those of the Imperfect.

2. The stem is always the same as the stem of the future,
   e.g. j'*aur*ai, j'*aur*ais.

3. Conditional past: j'aurais donné, je serais arrivé, je me serais réveillé.
   Note the following patterns:
   S'ils restaient là-haut, ils mourraient de faim.
   S'ils n'avaient pas réussi à boucher les trous, ils n'auraient pas pu décoller.

8 Passive Voice

The passive voice is composed of **être** and the past participle, which always agrees with the subject.

e.g. Les tiroirs ont été vidés.
   Jeanne d'Arc a été condamnée à mort.
   Les clochards avaient éte mis en prison.

The passive voice is often avoided in French:
On is used, or a reflexive, e.g.
On les a condamnés à un an de prison.
La porte s'est ouverte.
Le Louvre se trouve dans les Tuileries.

9 More Negatives

Il n'avait pas d'argent.
Il n'avait jamais travaillé. (*never*)
Il n'y avait rien dans le tiroir. (*nothing*)
Qu'est-ce qu'il y a dans la boîte? Rien.
Il n'y avait personne dans le salon. (*nobody*)
Qui est assis derrière vous? Personne.
Personne ne nous a entendus.
Je ne pouvais plus entendre les avions. (*no longer*)
Il n'a que vingt-cinq francs. (*only*)
Il n'en a que deux.
Il n'y avait aucun bruit. (*no*)
Il n'y avait aucune trace du voleur.
Il n'y avait nul moyen d'éviter le choc. (*no*)
Sans rien dire (*without saying anything*)
Ni l'un ni l'autre n'en veut. (*neither . . . nor*)

10 Commands

With close friends or relations (where **tu** is used) use the present
tense, **tu** form:
e.g. Finis ton devoir. Attends-moi.
but note:
    Donne-moi le livre. Lève-toi. (With verbs like **donner** omit **-s**.)
With other people use the verb form in **-ez**:
Allez à la porte. Dessinez un chat. Ne donnez pas le livre à Jean.
Levez-vous. Lavez-vous les oreilles.

NOTE: Allons au cinéma. *Let's go to the cinema.*
        Asseyons-nous. *Let's sit down.*

11 Formation of Questions

1. A rising tone of voice at the end of a statement:
   Vous allez à la piscine?   Vous êtes allé au cinéma?

2. **Est-ce que** placed in front of a statement:
   Est-ce que vous allez souvent à la piscine?
   Est-ce que Monsieur la Roche est grand ou petit?

3. Except in the first person singular, inversion of pronoun and verb:
   Allez-vous à la piscine?   Va-t-il à la piscine?
   Avez-vous fini vos devoirs?

   NOTE: (i) In the first person singular use **Est-ce que**:
              Est-ce que je suis arrivé à l'heure?
         (ii) If two vowels come together, **-t-** is placed between them:
              A-t-il fini ses devoirs?

4. With a noun subject use **Est-ce que** or say:
   Monsieur La Roche **est-il** grand ou petit?

ADVERBS

1. They are usually placed either after the verb or at the beginning of the sentence, but never between subject and verb.
   e.g. Ils connaissent maintenant les noms de nos agents secrets.
       Qu'est-ce qu'il avait déjà fait?
       Malheureusement je me suis trompé de valise.

2. They never change their spelling.

3. Many are formed by adding **-ment** to the feminine of the adjective:
   e.g. heureux   heureusement
        seul   seulement
        attentif   attentivement
        complet   complètement

4. If the adjective ends in a vowel, **-ment** is added to the masculine form:
   e.g. poli   poliment   (but: gai   gaiement or
                                              gaîment)

NOTE: (i) évident   évidemment
          récent   récemment
          constant constamment
          but
          lent   lentement

     (ii) bon   bien
          mauvais   mal
          petit   peu
          e.g. C'est un bon professeur; il enseigne bien l'anglais.
          C'est un mauvais garçon; il travaille mal.

    (iii) Paul travaille bien; il travaille mieux que moi, mais Henri travaille le mieux.

        Jean travaille peu; il travaille moins que moi, mais Richard travaille le moins.

TIME, etc.

Quelle heure est-il?

1.00	Il est une heure.
2.05	Il est deux heures cinq.
3.15	Il est trois heures et quart.
4.25	Il est quatre heures vingt-cinq.
5.30	Il est cinq heures et demie.
6.35	Il est sept heures moins vingt-cinq.
7.40	Il est huit heures moins vingt.
8.45	Il est neuf heures moins le quart.
9.50	Il est dix heures moins dix.
10.55	Il est onze heures moins cinq.
11.45	Il est midi moins le quart.
24.00	Il est minuit.

Les jours de la semaine
lundi (*Monday*), mardi, mercredi, jeudi, vendredi, samedi, dimanche

Les mois de l'année

janvier	avril	juillet	octobre
février	mai	août	novembre
mars	juin	septembre	décembre

Les saisons   le printemps, l'été, l'automne, l'hiver

La date

Le 16 septembre   *September* 16
but (1) mercredi 16 septembre   *Wednesday, September* 16
(2) le 1ᵉʳ mai (le premier mai).
In 1970, en mil neuf cent soixante-dix
or en dix-neuf cent soixante-dix

Le temps   il fait beau   il pleut
il fait mauvais   il neige
il fait chaud   le soleil brille
il fait froid
il fait du vent
il fait du soleil
il fait de la brume
il fait du brouillard

NUMBERS

1	un(e)	18	dix-huit	67	soixante-sept
2	deux	19	dix-neuf	70	soixante-dix
3	trois	20	vingt	71	soixante et onze
4	quatre	21	vingt et un	72	soixante-douze
5	cinq	22	vingt-deux	79	soixante-dix-neuf
6	six	23	vingt-trois	80	quatre-vingts
7	sept	30	trente	81	quatre-vingt-un
8	huit	31	trente et un	90	quatre-vingt-dix
9	neuf	33	trente-trois	91	quatre-vingt-onze
10	dix	40	quarante	99	quatre-vingt-dix-neuf
11	onze	41	quarante et un	100	cent
12	douze	44	quarante-quatre	101	cent un
13	treize	50	cinquante	102	cent deux, etc.
14	quatorze	51	cinquante et un	200	deux cents
15	quinze	55	cinquante-cinq	250	deux cent cinquante
16	seize	60	soixante	1000	mille
17	dix-sept	61	soixante et un	2000	deux mille

SUMMARY OF STRUCTURES AND IDIOMS

(Numbers in brackets refer to lessons)

1. (a)

Il	lui	a	conseillé	d'aller à Paris.
Elle	leur	avait	demandé	de bien travailler.
			dit	
			ordonné	
			persuadé	
			promis	

(4, 6, 14, 18, 21, 26, 28, 31)

(b) Elle a permis aux Allemands d'entrer.
Elle leur a permis de s'asseoir avec les Américains.
Elle leur a défendu de porter des armes.
(19, 21)

2. (a)

J'ai	commencé	à	patiner.
Nous avons	continué		parler français.
	appris		jouer au tennis.
	passé le temps		

Je me suis mis
Nous nous sommes amusés
(5, 19, 23, 25, 30, 32)

(b)

Ils ont	hésité	à déposer leurs armes.
	consenti	

Elle les a invités | à entrer chez elle.
(18, 21, 22)

(c)

Il a réussi	à	dégager la roue.
Il est parvenu		s'enfuir.
Il a aidé son ami		

(4, 7, 17, 22, 23, 25, 27, 31)

3. (a)

Il	aimait	apprendre le français.
Elle	espérait	gagner de l'argent.
	préférait	voyager à l'étranger.
	voulait	

(3, 5)

(b) J'ai | pu | faire la promenade en voiture. (*was able to*)
Il a | dû | (*had to, was obliged to*)
| voulu |

(1, 2, 4, 10, 15, 19, 32)

(c) Il vaut mieux attendre jusqu'à demain. (*it is better to*) (8)
Il aurait dû arriver à deux heures. (*ought to have*)
Ils auraient pu entrer de force. (*might have*)
(14, 15, 17, 23)

4. Elle a fait | changer la roue. (*She has had the wheel changed*)
Il fera | réparer son vélo.

Nous avons | vu | passer des avions.
| entendu | pleurer les soldats.

(7, 19)

5. Je sais nager. (24)

6. Le singe commença par imiter son maître.
Il finit par lire des livres difficiles.
(30)

7. (a) Depuis combien de temps apprenez-vous le français?
— Je l'apprends depuis trois ans. (*have been learning*)
(16, 18, 24, 33)
Depuis combien de temps erraient-ils dans la forêt? (*had been wandering*)
— Depuis une semaine.
(18, 28)

(b) Je viens de passer le permis de conduire. (*I have just*)
(17)
Il venait d'acheter une moto. (*he had just*)
(2, 5, 15, 33)

8. (a) Avant de téléphoner à l'hôpital, elle a dû alerter la police.
(b) Après avoir alerté la police, elle a attendu l'arrivée du propriétaire.
(c) Après être arrivés à la place Saint-Michel, ils sont descendus.
(d) Après s'être levée, elle s'est lavée.
(2, 33)

9. Il s'intéressait | à la politique.
                    | au théâtre. (30)

Il se plaisait | à | imiter son maître.
Il prenait plaisir | | parler français.
(30)

10. A quoi sert un aspirateur?
    — Il sert à nettoyer les tapis.
    (26)

11. Il | met | beaucoup de temps | à | choisir son tabac.
       | a mis | une demi-heure | | faire sa toilette.
    (9)

12. Il est dangereux de mettre le feu à l'herbe.
    (20)

13. Il | s'est | occupé du jardin. Il | s'est | débarrassé du garçon.
       | s'était | servi d'une corde. | s'était | souvenu de sa valise.
       | | trompé de valise. | | approché du tuyau.
       | | | | moqué de son collègue.

    (7, 8, 10, 17, 29)

14. Etes-vous prêt à sortir?
    Avez-vous quelque chose à déclarer?
    Je n'ai rien à faire.

15. Il ressemblait à une statue.
    Il obéissait au capitaine.
    Ils résistèrent à la tentation.
    (6, 27, 29)

16. Ils ont remercié Madame Fellmann de la nourriture.
    Ils ont félicité les aviateurs de leur courage.
    (19)

17. Dieppe est à 160 kilomètres de Paris.

18. Je suis médecin, poète, acteur, chanteur, etc.
    (1)

19. Tu es trop jeune pour conduire ce scooter.
    Il avait assez d'argent pour payer la lune de miel.
    (6, 17, 27)

20. Il a pris une pipe dans sa poche.
    Il a pris un crayon sur la table.
    Le lion a bu de l'eau dans la source.
    (3)

21. à pied, à bicyclette (à vélo), à cheval, en auto (en voiture), en
    autobus, par le train (en train), en avion, en hélicoptère, en para-
    chute.

22. J'ai chaud. Il a faim. Vous avez raison. Ils ont peur. J'ai froid.
    Il a soif. Vous avez tort. Elle a seize ans. Je n'ai pas besoin d'une
    maison.
    (24, 26)
    J'ai envie d'aller en France.
    J'ai mal à la tete. Ils avaient les cheveux blonds. (17)

23. Elle paie le billet. Il cherche l'argent. Ils écoutent des disques.
    Elle a attendu sa mère. Il regardait la télévision.
    (15)

24. La chambre a cinq mètres de long, sur quatre de large, sur trois
    de haut.
    (28)

25. Tant mieux. Tant pis.

26. Quel désastre! Que nous étions heureux!

27. Il s'est foulé la cheville.
    Il s'est fait mal à la jambe.
    (9)

28. Que dira Robert quand il découvrira qu'il n'y a plus d'argent?
    Quand je serai malade, qui me soignera?
    (1, 23)

29. Il faut ⎪ trois heures pour aller à Londres.
    Il a fallu ⎪
    (11)

30. Il faillit tomber.
    (2, 21)

VERB TABLES
Types of Verb

Infinitive	Participles Present Past	Imperative	Present	Future	Conditional Present
donner	donnant donné	donne donnons donnez	je donne tu donnes il donne nous donnons vous donnez ils donnent	je donnerai tu donneras il donnera nous donnerons vous donnerez ils donneront	je donnerais tu donnerais il donnerait nous donnerions vous donneriez ils donneraient
finir	finissant fini	finis finissons finissez	je finis tu finis il finit nous finissons vous finissez ils finissent	je finirai tu finiras il finira nous finirons vous finirez ils finiront	je finirais tu finirais il finirait nous finirions vous finiriez ils finiraient
répondre	répondant répondu	réponds répondons répondez	je réponds tu réponds il répond nous répondons vous répondez ils répondent	je répondrai tu répondras il répondra nous répondrons vous répondrez ils répondront	je répondrais tu répondrais il répondrait nous répondrions vous répondriez ils répondraient
se laver	lavant lavé	lave-toi lavons-nous lavez-vous	je me lave tu te laves il se lave nous nous lavons vous vous lavez ils se lavent	je me laverai tu te laveras il se lavera nous nous laverons vous vous laverez ils se laveront	je me laverais tu te laverais il se laverait nous nous laverions vous vous laveriez ils se laveraient

avoir and être

Infinitive	Participles Present Past	Present	Future
avoir	ayant eu	j'ai tu as il a nous avons vous avez ils ont	j'aurai tu auras il aura nous aurons vous aurez ils auront
être	étant été	je suis tu es il est nous sommes vous êtes ils sont	je serai tu seras il sera nous serons vous serez ils seront

Perfect	Imperfect	Pluperfect	Past Historic
j'ai donné	je donnais	j'avais donné	je donnai
tu as donné	tu donnais	tu avais donné	tu donnas
il a donné	il donnait	il avait donné	il donna
nous avons donné	nous donnions	nous avions donné	nous donnâmes
vous avez donné	vous donniez	vous aviez donné	vous donnâtes
ils ont donné	ils donnaient	ils avaient donné	ils donnèrent
j'ai fini	je finissais	j'avais fini	je finis
tu as fini	tu finissais	tu avais fini	tu finis
il a fini	il finissait	il avait fini	il finit
nous avons fini	nous finissions	nous avions fini	nous finîmes
vous avez fini	vous finissiez	vous aviez fini	vous finîtes
ils ont fini	ils finissaient	ils avaient fini	ils finirent
j'ai répondu	je répondais	j'avais répondu	je répondis
tu as répondu	tu répondais	tu avais répondu	tu répondis
il a répondu	il répondait	il avait répondu	il répondit
nous avons répondu	nous répondions	nous avions répondu	nous répondîmes
vous avez répondu	vous répondiez	vous aviez répondu	vous répondîtes
ils ont répondu	ils répondaient	ils avaient répondu	ils répondirent
je me suis lavé(e)	je me lavais	je m'étais lavé(e)	je me lavai
tu t'es lavé(e)	tu te lavais	tu t'étais lavé(e)	tu te lavas
il s'est lavé	il se lavait	il s'était lavé	il se lava
elle s'est lavée	nous nous lavions	elle s'était lavée	nous nous lavâmes
nous nous sommes lavé(e)s	vous vous laviez	nous nous étions lavé(e)s	vous vous lavâtes
vous vous êtes lavé(es)	ils se lavaient	vous vous étiez lavé(e)s	ils se lavèrent
ils se sont lavés		ils s'étaient lavés	
elles se sont lavées		elles s'étaient lavées	

Conditional Present	Perfect Pluperfect	Imperfect	Past Historic
j'aurais	j'ai eu	j'avais	j'eus
tu aurais			tu eus
il aurait	j'avais eu		il eut
nous aurions			nous eûmes
vous auriez			vous eûtes
ils auraient			ils eurent
je serais	j'ai été	j'étais	je fus
tu serais			tu fus
il serait	j'avais été		il fut
nous serions			nous fûmes
vous seriez			vous fûtes
ils seraient			ils furent

Irregular Verbs

228

Infinitive	Participles Present, Past	Present	Future Conditional	Perfect Pluperfect	Imperfect Past Historic
acheter	achetant acheté	j'achète tu achètes il achète	nous achetons vous achetez ils achètent	j'achèterai j'achèterais	j'ai acheté j'avais acheté	j'achetais j'achetai
aller	allant allé	je vais tu vas il va	nous allons vous allez ils vont	j'irai j'irais	je suis allé(e) j'étais allé(e)	j'allais j'allai
appeler	appelant appelé	j'appelle tu appelles il appelle	nous appelons vous appelez ils appellent	j'appellerai j'appellerais	j'ai appelé j'avais appelé	j'appelais j'appelai
s'asseoir	s'asseyant assis	je m'assieds tu t'assieds il s'assied	nous nous asseyons vous vous asseyez ils s'asseyent	je m'assiérai je m'assiérais	je me suis assis(e) je m'étais assis(e)	je m'asseyais je m'assis
battre	battant battu	je bats tu bats il bat	nous battons vous battez ils battent	je battrai je battrais	j'ai battu j'avais battu	je battais je battis
boire	buvant bu	je bois tu bois il boit	nous buvons vous buvez ils boivent	je boirai je boirais	j'ai bu j'avais bu	je buvais je bus
commencer	commençant commencé	je commence tu commences il commence	nous commençons vous commencez ils commencent	je commencerai je commencerais	j'ai commencé j'avais commencé	je commençais je commençai
conduire	conduisant conduit	je conduis tu conduis il conduit	nous conduisons vous conduisez ils conduisent	je conduirai je conduirais	j'ai conduit j'avais conduit	je conduisais je conduisis

Irregular Verbs—*continued*

Infinitive	Participles Present, Past	Present		Future Conditional	Perfect Pluperfect	Imperfect Past Historic
connaître	connaissant connu	je connais tu connais il connaît	nous connaissons vous connaissez ils connaissent	je connaîtrai je connaîtrais	j'ai connu j'avais connu	je connaissais je connus
courir	courant couru	je cours tu cours il court	nous courons vous courez ils courent	je courrai je courrais	j'ai couru j'avais couru	je courais je courus
craindre[1]	craignant craint	je crains tu crains il craint	nous craignons vous craignez ils craignent	je craindrai je craindrais	j'ai craint j'avais craint	je craignais je craignis
croire	croyant cru	je crois tu crois il croit	nous croyons vous croyez ils croient	je croirai je croirais	j'ai cru j'avais cru	je croyais je crus
devoir	devant dû	je dois tu dois il doit	nous devons vous devez ils doivent	je devrai je devrais	j'ai dû (*f.* due) j'avais dû	je devais je dus
dire	disant dit	je dis tu dis il dit	nous disons vous dites ils disent	je dirai je dirais	j'ai dit j'avais dit	je disais je dis
dormir[2]	dormant dormi	je dors tu dors il dort	nous dormons vous dormez ils dorment	je dormirai je dormirais	j'ai dormi j'avais dormi	je dormais je dormis
écrire	écrivant écrit	j'écris tu écris il écrit	nous écrivons vous écrivez ils écrivent	j'écrirai j'écrirais	j'ai écrit j'avais écrit	j'écrivais j'écrivis

[1] Conjugated like craindre: **atteindre, éteindre, joindre, peindre.**
[2] Conjugated like dormir: **mentir, partir, sentir, servir, sortir.**

Irregular Verbs—*continued*

Infinitive	Participles Present, Past	Present	Future Conditional	Perfect Pluperfect	Imperfect Past Historic
envoyer	envoyant envoyé	j'envoie tu envoies il envoie nous envoyons vous envoyez ils envoient	j'enverrai j'enverrais	j'ai envoyé j'avais envoyé	j'envoyais j'envoyai
espérer[1]	espérant espéré	j'espère tu espères il espère nous espérons vous espérez ils espèrent	j'espérerai j'espérerais	j'ai espéré j'avais espéré	j'espérais j'espérai
faire	faisant fait	je fais tu fais il fait nous faisons vous faites ils font	je ferai je ferais	j'ai fait j'avais fait	je faisais je fis
falloir	— fallu	il faut	il faudra il faudrait	il a fallu il avait fallu	il fallait il fallut
jeter	jetant jeté	je jette tu jettes il jette nous jetons vous jetez ils jettent	je jetterai je jetterais	j'ai jeté j'avais jeté	je jetais je jetai
lever[2]	levant levé	je lève tu lèves il lève nous levons vous levez ils lèvent	je lèverai je lèverais	j'ai levé j'avais levé	je levais je levai
lire	lisant lu	je lis tu lis il lit nous lisons vous lisez ils lisent	je lirai je lirais	j'ai lu j'avais lu	je lisais je lus
manger	mangeant mangé	je mange tu manges il mange nous mangeons vous mangez ils mangent	je mangerai je mangerais	j'ai mangé j'avais mangé	je mangeais je mangeai

[1] Conjugated like **espérer: protéger, régner.**
[2] Conjugated like **lever: mener.**

Irregular Verbs—*continued*

Infinitive	Participles Present, Past	Present	Future Conditional	Perfect Pluperfect	Imperfect Past Historic
mettre	mettant mis	je mets tu mets il met nous mettons vous mettez ils mettent	je mettrai je mettrais	j'ai mis j'avais mis	je mettais je mis
mourir	mourant mort	je meurs tu meurs il meurt nous mourons vous mourez ils meurent	je mourrai je mourrais	il est mort il était mort	je mourais je mourus
naître	né			je suis né(e)	je naquis
ouvrir[1]	ouvrant ouvert	j'ouvre tu ouvres il ouvre nous ouvrons vous ouvrez ils ouvrent	j'ouvrirai j'ouvrirais	j'ai ouvert j'avais ouvert	j'ouvrais j'ouvris
paraître[2]	paraissant paru	je parais tu parais il paraît nous paraissons vous paraissez ils paraissent	je paraîtrai je paraîtrais	j'ai paru j'avais paru	je paraissais je parus
pleuvoir	pleuvant plu	il pleut	il pleuvra il pleuvrait	il a plu il avait plu	il pleuvait il plut
pouvoir	pouvant pu	je peux tu peux il peut nous pouvons vous pouvez ils peuvent	je pourrai je pourrais	j'ai pu j'avais pu	je pouvais je pus
prendre	prenant pris	je prends tu prends il prend nous prenons vous prenez ils prennent	je prendrai je prendrais	j'ai pris j'avais pris	je prenais je pris
recevoir[3]	recevant reçu	je reçois tu reçois il reçoit nous recevons vous recevez ils reçoivent	je recevrai je recevrais	j'ai reçu j'avais reçu	je recevais je reçus

[1] Conjugated like **ouvrir: couvrir, découvrir, offrir, souffrir.**
[2] Conjugated like **paraître: apparaître, disparaître, reparaître.**
[3] Conjugated like **recevoir: apercevoir, concevoir.**

231

Irregular Verbs—*continued*

Infinitive	Participles Present, Past	Present		Future Conditional	Perfect Pluperfect	Imperfect Past Historic
rire	riant ri	je ris tu ris il rit	nous rions vous riez ils rient	je rirai je rirais	j'ai ri j'avais ri	je riais je ris
savoir	sachant su	je sais tu sais il sait Imperative: sache, sachons, sachez	nous savons vous savez ils savent	je saurai je saurais	j'ai su j'avais su	je savais je sus
suivre[1]	suivant suivi	je suis tu suis il suit	nous suivons vous suivez ils suivent	je suivrai je suivrais	j'ai suivi j'avais suivi	je suivais je suivis
tenir[2]	tenant tenu	je tiens tu tiens il tient	nous tenons vous tenez ils tiennent	je tiendrai je tiendrais	j'ai tenu j'avais tenu	je tenais je tins
venir[3]	venant venu	je viens tu viens ils vient	nous venons vous venez ils viennent	je viendrai je viendrais	je suis venu(e) j'étais venu(e)	je venais je vins
vivre	vivant vécu	je vis tu vis il vit	nous vivons vous vivez ils vivent	je vivrai je vivrais	j'ai vécu j'avais vécu	je vivais je vécus
voir	voyant vu	je vois tu vois il voit	nous voyons vous voyez ils voient	je verrai je verrais	j'ai vu j'avais vu	je voyais je vis
vouloir	voulant voulu	je veux tu veux il veut	nous voulons vous voulez ils veulent	je voudrai je voudrais	j'ai voulu j'avais voulu	je voulais je voulus

[1] Conjugated like suivre: poursuivre.
[2] Conjugated like tenir: appartenir, contenir, maintenir, retenir.
[3] Conjugated like venir: convenir, devenir, parvenir, revenir.

Vocabulary

abattre, *to knock down*
un abîme, *abyss*
abîmer, *to spoil, damage*
d'abord, *at first*
aboyer, *to bark*
absolu(e), *absolute*
acclamer, *to acclaim*
accompagner, *to accompany*
(s') accomplir, *to accomplish*
d'accord, *agreed*
un accord, *agreement*
accorder, *to grant*
s'accrocher à, *to cling to*
acheter, *to buy*
l'acier (*m.*), *steel*
un acteur, *actor*
une actrice, *actress*
l'actualité (*f.*) (les actualités), *the news*
l'addition (*f.*), *bill*
admettre, *to admit*
un aéroglisseur, *hovercraft*
un aéroport, *airport*
les affaires (*f.*), *business*
affamé(e), *starving*
affectueux(se), *affectionate*
affreux(se), *frightful*
à l'affût, *on the watch*
afin de, *in order to*
africain(e), *African*
un agent (de police), *policeman*

agir, *to act*
il s'agit de, *it is a question of*
agité(e), *agitated*
agréable, *pleasant*
à l'aide de, *with the help of*
aider, *to help*
aigu(e), *shrill, piercing*
une aiguille, *needle*
d'ailleurs, *besides*
aimable, *amiable, kind*
aimer, *to like, love*
aîné(e), *eldest*
et ainsi (de suite), *and so (on)*
l'air (avoir), *to appear*
à l'aise, *at one's ease, well off*
ajouter, *to add*
l'alcool (*m.*) à brûler, *methylated spirits*
l'alimentation (*f.*), *food*
l'Allemagne (*f.*), *Germany*
allemand(e), *German*
s'en aller, *to go away*
allonger, *to lengthen, stretch out*
allumer, *to light*
une allumette, *match*
alors, *then*
une âme, *soul, mind*
une amende, *fine*
amener, *to bring*
l'Amérique (*f.*), *America*

233

un(e) ami(e), *friend*
    amical(e), *friendly*
un amiral, *admiral*
    l'amitié (*f.*), *friendship*
un an, *year*
    anglais(e), *English*
    l'Angleterre (*f.*), *England*
    l'angoisse (*f.*), *sorrow,*
      anguish
une année, *year*
un anniversaire, *birthday*
un anorak, *anorak*
    anxieux(se), *anxious*
    apercevoir, *to catch sight of*
    s'apercevoir de, *to become*
      aware of
    apparaître, *to appear*
    l'appareil (*m.*) d'atterrissage,
      landing-gear
un appartement, *apartment,*
    flat
    appartenir à, *to belong to*
    appeler, *to call*
    s'appeler, *to be called*
    apporter, *to bring*
    apprendre, *to learn*
(s') approcher, *to approach*
    appuyer, *to press*
    après, *after*
    d'après, *according to*
    l'après-demain (*m.*), *day*
      after tomorrow
un après-midi, *afternoon*
un arbre, *tree*
    l'argent (*m.*), *silver, money*
une armoire, *cupboard*
    arracher, *to snatch*
un arrêt d'autobus, *bus stop*
(s') arrêter, *to stop*
    arrière, *back*
    l'arrivée (*f.*), *arrival*
    arroser, *to water*
    l'ascenseur (*m.*), *lift*

    l'Asie (*f.*), *Asia*
un aspirateur, *vacuum cleaner*
    assez, *enough*
    assiéger, *to besiege*
une assiette, *plate*
    assister à, *to be present at*
    attaquer, *to attack*
    atteindre, *to reach*
    attendre, *to wait for*
    atterrir, *to land*
    attirer, *to attract*
    attraper, *to catch*
une auberge, *inn*
    aucun(e), *not one*
    au-dessous de, *below*
    au-dessus de, *above*
    augmenter, *to increase*
    aujourd'hui, *today*
    auparavant, *formerly*
    aussitôt, *immediately*
    autant de, *as much (many)*
un auteur, *author*
    autour, *around*
    autre, *other*
    avaler, *to swallow*
    avancer, *to go forward*
    avant, *before*
    l'avant-veille (*f.*), *day before*
      yesterday
un avare, *miser*
    à l'avenir, *in future*
    avertir, *to warn*
    aveugle, *blind*
un avion, *aeroplane*
un avis, *opinion*
    à mon avis, *in my opinion*
un avocat, *barrister*
    avoir lieu, *to take place*
    avouer, *to admit*

    le baccalauréat, *leaving exam*
      (cf. *GCE*)
    les bagages (*m.*), *luggage*

se baigner, *to bathe*
une baignoire, *bath*
un bain, *bath*
baisser, *to lower*
le bal, *dance*
un balai, *broom*
balayer, *to sweep*
balbutier, *to stammer*
une balle, *ball, bullet*
une bande magnétique, *tape*
bander, *to bandage*
une banque, *bank*
une banquette, *car seat*
un banquier, *banker*
bas(se), *low*
en bas, *below, at the bottom*
une basse-cour, *farm-yard*
une bataille, *battle*
un bataillon, *batallion*
un bateau, *boat*
un bateau de sauvetage, *lifeboat*
un batelier, *boatman*
un bâtiment, *building*
bâtir, *to build*
un bâton, *stick, truncheon*
battre, *to beat*
bavarder, *to chatter*
beau (belle), *fine, beautiful*
beaucoup, *much, many*
la beauté, *beauty*
un bébé, *baby*
une bêche, *spade*
belge, *Belgian*
la Belgique, *Belgium*
un bénéfice, *profit*
un berger, *shepherd*
le besoin, *need*
(avoir) besoin de, *to need*
une bête, *animal*
le beurre, *butter*
une bibliothèque, *library*

un bidon, *petrol can*
bien entendu, *of course*
bien sûr, *of course*
bientôt, *soon*
la bienvenue, *welcome*
la bière, *beer*
un bijou, *jewel*
une bijouterie, *jeweller's shop*
un bijoutier, *jeweller*
un billet, *ticket, note*
blanc(he), *white*
le blé, *corn*
un blessé, *wounded man*
blesser, *to wound*
une blessure, *wound*
bleu(e), *blue*
boire, *to drink*
le bois, *wood*
une boisson, *drink*
une boîte, *box, tin*
un bol, *dish*
bondir, *to jump*
le bonheur, *happiness*
le bord, *edge*
au bord de, *at the edge of*
une botte, *boot*
une bouche, *mouth*
boucher, *to cork, stop up*
un boucher, *butcher*
une boucherie, *butcher's shop*
la boue, *mud*
bouger, *to move*
bouillir, *to boil*
une bouilloire, *kettle*
un boulanger, *baker*
une boulangerie, *baker's shop*
une boule, *ball*
bouleversé, *upset, overthrown*
un bouquin, *second-hand book*
un bouquiniste, *dealer in second-hand books*
une bourse, *scholarship*

235

un bout, *end, bit (of paper)*
une bouteille, *bottle*
un brancard, *stretcher*
un bras, *arm*
bref (brève), *brief*
la Bretagne, *Brittany*
une brique, *brick*
une brise, *breeze*
briser, *to break*
(se) brosser, *to brush (oneself)*
un brouillard, *fog*
un bruit, *noise*
brûler, *to burn*
une brume, *mist*
brun(e), *brown*
un buffet, *sideboard*
un buisson, *bush*
un bureau, *office, desk*
le bureau des objets
trouvés, *lost property
office*
un bureau de
renseignements,
information bureau
un bureau de tabac,
tobacconist's shop

ça (cela), *that*
un cabinet, *study, office,
surgery*
(se) cacher, *to hide (oneself)*
un cadeau, *present*
une cafetière, *coffee pot*
une caisse, *large box, case*
la cale, *hold (ship)*
cambrioler, *to burgle*
un cambrioleur, *burglar*
la campagne, *country*
à la campagne, *in the
country*
un canard, *duck*
une canne, *stick*

une canne à pêche,
fishing rod
un canot, *little boat*
une capote, *cloak*
un car, *coach*
une carafe, *water-bottle,
carafe*
un cargo, *cargo-boat*
le carrefour, *crossroads*
une carrière, *career*
une carte, *card, map*
en tout cas, *in any case*
un casque, *helmet*
casser, *to break*
une casserole, *pan*
causer, *to chat*
céder, *to yield*
une ceinture, *belt*
cela, *that*
célèbre, *famous*
cependant, *however*
un cerf, *stag*
certainement, *certainly*
cesser, *to stop*
Ceylan, *Ceylon*
chacun(e), *each*
une chambre à coucher,
bedroom
un champ, *field*
un champignon, *mushroom*
la chance, *luck*
chanceler, *to stagger*
un chandail, *pullover*
une chanson, *song*
chanter, *to sing*
un chapeau, *hat*
un chapelier, *hatter*
un chapitre, *chapter*
chaque, *each, every*
chargé(e), *loaded*
un chargement, *load*
une charrette, *cart*
une charrue, *plough*

un chasse-neige, *skis touching at front* ("*snowplough*")
chasser, *to hunt*
un château, *castle*
chaud(e), *hot*
le chauffage, *heating*
une chaumière, *cottage*
chausser, *to put on (shoes, etc.)*
des chaussettes (*f.*), *socks*
des chaussures (*f.*), *shoes*
chavirer, *to capsize, overturn*
un chef, *chief*
un chemin, *road*
le chemin de fer, *railway*
une cheminée, *chimney*
une chemise, *shirt*
cher (chère), *dear*
chercher, *to look for*
un cheval, *horse*
les cheveux (*m.*), *hair*
une cheville, *ankle*
chez, *at (to) the house of*
chic, *elegant, nice*
un chiffre, *figure* (1, 2, 3, *etc.*)
la Chine, *China*
chinois(e), *Chinese*
un choc, *shock*
choisir, *to choose*
la choix, *choice*
une chose, *thing*
un chou, *cabbage*
une chute, *fall*
le ciel, *sky*
la circulation, *traffic*
les ciseaux (*m.*), *scissors*
un citoyen, *citizen*
clair(e), *clear*
une clef, *key*
un client, *customer*
un clochard, *tramp*
un clou, *nail*

clouer, *to nail*
un cœur, *heart*
un coffre, *car boot*
un coiffeur, *hairdresser*
la coiffure, *hair-dressing, hair-style*
un coin, *corner*
au coin de, *at the corner of*
coller, *to stick*
combien (de), *how much, how many*
commander, *to order*
comme, *as*
le commissariat, *police station*
compter, *to count*
concevoir, *to conceive, imagine*
un(e) concierge, *porter, caretaker*
la concurrence, *competition*
condamner, *to condemn*
conduire, *to lead, drive*
la conduite, *conduct, behaviour*
la confiance, *confidence*
la confiture, *jam*
confondu(e), *amazed*
un congé, *holiday*
conjugué, *joint (effects)*
la connaissance, *acquaintance*
perdre connaissance, *to lose consciousness*
connaître, *to know*
consacrer, *to devote*
un conseil, *advice*
conseiller, *to advise*
consentir, *to consent*
construire, *to build*
contenir, *to contain, restrain*
content(e), *pleased, happy*
contre, *against*

un contremaître, *petty officer*
un contrôleur, *ticket-collector*
convenir, *to suit, agree*
un convive, *guest*
un copain, *friend, pal*
un coq, *cock*
un cornac, *man who drives an elephant*
un corps, *body*
la côte, *coast*
à côté de, *by the side of*
  de l'autre côté, *on the other side*
un cou, *neck*
couché(e), *lying down, in bed*
une couche, *layer*
se coucher, *to go to bed*
un coude, *elbow*
coudre, *to sew*
couler, *to sink, flow*
une couleur, *colour*
un couloir, *corridor*
un coup, *blow, stroke (clock)*
un coup de feu, *shot*
un coup de téléphone, *telephone call*
un coupable, *guilty man*
une coupe, *cut (hair)*
couper, *to cut*
une cour, *playground, yard*
courageux(-euse), *courageous*
courbé(e), *curved, bent*
un coureur, *runner, cyclist in race*
courir, *to run*
un cours, *lesson*
  au cours de, *in the course of*
une course, *race*
faire des courses, *to do errands, to go shopping*

court(e), *short*
un courtisan, *courtier*
un couteau, *knife*
coûter, *to cost*
un couvert, *place (at table)*
couvert(e), *covered*
une couverture, *blanket*
couvrir, *to cover*
une crèche, *cradle, manger*
créer, *to create*
creuser, *to dig*
crever, *to burst*
crier, *to shout*
  crier à tue-tête, *shout at the top of one's voice*
un criminel, *criminal*
une crinière, *mane*
une crise, *crisis*
un crochet, *hook*
croire, *to believe*
une croix, *cross*
une cuillère, *spoon*
le cuir, *leather*
cuire, *to cook*
une cuisine, *kitchen*
un cuisinier, *cook*
une cuisinière, *cooker, cook*
un curé, *Catholic priest*

le Danemark, *Denmark*
davantage, *more*
le débarquement, *disembarkment*
débarquer, *to disembark*
se débarrasser de, *get rid of*
debout, *standing*
débrouillard(e), *resourceful*
le début, *beginning*
un débutant, *beginner*
débuter, *to begin*
décharger, *to unload*
décoller, *to take off (aeroplane)*

découper, *to cut up*
se décourager, *to be discouraged*
découvrir, *to discover*
décrire, *to describe*
déçu(e), *disappointed*
dedans, *inside*
défendre, *to forbid, defend*
un défilé, *procession*
dégager, *to free*
dehors, *outside*
déjà, *already*
le déjeuner, *lunch*
demain, *tomorrow*
demander, *to ask*
se demander, *to wonder*
démarrer, *to start (vehicle)*
déménager, *to remove*
demeurer, *to live*
demi(e), *half*
les dents (*f.*), *teeth*
un départ, *departure*
se dépêcher, *to hurry*
dépenser, *to spend*
se déplacer, *to move*
déposer, *to place*
une déposition, *statement (police)*
depuis, *since*
un député, *member of parliament*
déranger, *to disturb*
déraper, *to skid*
dernier (dernière), *last*
derrière, *behind*
dès que, *as soon as*
descendre, *to go down*
désert(e), *deserted*
le désespoir, *despair*
(se) déshabiller, *to undress*
désigner, *to point out, intend*
désirer, *to want*

désolé(e), *sorry*
le désordre, *disorder*
dessiner, *to draw*
au-dessous de, *below*
au-dessus de, *above*
détourner, *to turn away from*
devant, *in front of*
devenir, *to become*
deviner, *to guess*
le devoir, *homework*
devoir, *to have to*
le diable, *devil*
Dieu, *God*
mon Dieu! *good heavens!*
difficile, *difficult*
diminuer, *to diminish*
une dinde, *turkey*
dire, *to say*
un directeur, *manager, headmaster*
diriger, *to direct*
se diriger vers, *to go towards*
discuter, *to discuss*
disparaître, *to disappear*
se disputer, *to quarrel*
un disque, *record*
distrait(e), *absent-minded*
divers(e), *different*
docile, *obedient*
un doigt, *finger*
un domestique, *servant*
(quel) dommage! *what a pity!*
donc, *therefore*
dont, *of which, of whom*
dormir, *to sleep*
un dos, *back*
la douane, *customs*
un douanier, *customs officer*
doucement, *gently*
une douleur, *pain*

(sans) doute, (*without*) *doubt*
Douvres, *Dover*
doux(douce), *gentle,*
    soft
une douzaine, *dozen*
un drap, *sheet*
droit(e), *right*
le droit, *law*
à droite, *on the right*
duper, *to deceive*
dur(e), *hard*
durer, *to last*

l'eau (*f.*), *water*
l'eau-de-vie, *brandy*
(s') échapper, *to escape*
les échecs (*m.*), *chess*
une échelle, *ladder*
échouer, *to fail* (*exam.*)
un éclair, *flash of lightning*
éclater, *to burst*
un écolier, *scholar*
économiser, *to save*
écossais(e), *Scottish*
l'Ecosse (*f.*), *Scotland*
écouter, *to listen to*
écraser, *to crush*
s'écrier, *to cry*
écrire, *to write*
l'écriture (*f.*), *writing*
un écrivain, *writer*
une écurie, *stable*
Edimbourg, *Edinburgh*
un édit, *edict*
un effet, *effect*
en effet, *indeed*
s'effondrer, *to collapse*
effrayer, *to frighten*
effroyable, *frightening*
également, *likewise, also*
égaler, *to equal*
égaré(e), *lost*
une église, *church*

s'élancer, *to rush forward*
élargir, *to widen*
un électricien, *electrician*
élever, *to lift up, erect*
élire, *to elect*
s'éloigner, *to go away*
une embarcation, *boat*
une embouchure, *river mouth*
émettre, *to emit*
emmener, *to lead* (*away*)
empêcher, *to prevent*
un emploi, *job*
un employé, *clerk, employee*
emporter, *to carry off*
une empreinte digitale, *finger*
    print
emprunter, *to borrow*
ému(e), *moved*
enchanté(e), *delighted*
s'endormir, *to fall asleep*
un endroit, *place*
s'énerver, *to become nervous*
enfin, *at last*
s'enfoncer, *to sink*
s'enfuir, *to flee*
s'engager, *to enrol*
engraisser, *to fatten*
enlever, *to take off*
un ennemi, *enemy*
l'ennui (*m.*), *boredom*
s'ennuyer, *to be bored*
ennuyeux(-euse), *boring*
énorme, *enormous*
s'enrhumer, *to catch cold*
l'enseignement (*m.*),
    education
enseigner, *to teach*
ensemble, *together*
ensuite, *next*
entendre, *to hear*
s'entendre, *to come to an*
    agreement
bien entendu, *of course*

l'enthousiasme (*m.*),
  enthusiasm
entier(-ière), *entire, all*
entourer, *to surround*
s'entraîner, *to train*
entre, *between*
entretenir, *to hold a*
  conversation
entr'ouvert(e), *half-open*
envahir, *to invade*
une enveloppe, *envelope*
envers, *towards*
avoir envie de, *to want to*
environ, *about*
les environs (*m.*), *surroundings*
s'envoler, *to fly away*
envoyer, *to send*
épais(se), *thick*
une épaule, *shoulder*
un épicier, *grocer*
une épingle, *pin*
éplucher, *to peel*
une époque, *time*
une épouse, *wife*
épouser, *to marry*
épouvantable, *terrible*
un époux, *husband*
une épreuve, *test*
épuisé(e), *exhausted*
un équipage, *crew*
une équipe, *team*
l'équitation (*f.*), *horse-riding*
errer, *to wander*
escalader, *to climb*
un escalier, *staircase*
l'Espagne (*f.*), *Spain*
espagnol(e), *Spanish*
une espèce, *kind, sort, species*
espérer, *to hope*
l'espoir (*m.*), *hope*
un esprit, *mind*
essayer, *to try*
l'essence (*m.*), *petrol*

essoufflé(e), *out of breath*
(s')essuyer, *to wipe (oneself)*
l'est (*m.*), *east*
estimer, *to believe, estimate*
une étable, *cow-shed*
s'établir, *to settle*
un étage, *storey*
une étagère, *shelf*
une étape, *lap*
l'état (*m.*), *state*
éteint, *extinguished*
étendre, *to extend, hang*
  up, spread out
étendu(e), *at full length*
une étoile, *star*
étonné(e), *astonished*
l'étonnement (*m.*),
  astonishment
étranger(-ère), *foreign*
un étranger, *stranger*
à l'étranger, *abroad*
étrangler, *to strangle*
être, *to be*
un être, *a being*
étroit(e), *narrow*
les études (*f.*), *studies*
un(e) étudiant(e), *student*
étudier, *to study*
Européen(ne), *European*
s'évanouir, *to faint*
éveiller, *to awaken*
un événement, *event*
éventrer, *to hole (a ship)*
évidemment, *evidently*
éviter, *to avoid*
un examen, *examination*
exiger, *to exact*
une expérience, *experiment*
une explication, *explanation*
expliquer, *to explain*
une exposition, *exhibition*

fabriquer, *to manufacture*

241

la façade, *front, façade*
facile, *easy*
facilement, *easily*
la façon, *way*
un facteur, *postman*
faible, *weak*
il faillit (tomber), *he almost*
   (*fell*)
la faim, *hunger*
faire, *to do, make*
   faire face à, *to face*
   (se) faire mal, *to hurt*
     (*oneself*)
un fantôme, *ghost*
une farce, *joke*
la farine, *flour*
fatigué(e), *tired*
se fatiguer de, *to become tired*
   of
il faut, *one must, one needs*
une faute, *fault, mistake*
un fauteuil, *armchair*
faux(fausse), *false, wrong*
favori(te), *favourite*
une fée, *fairy*
féerique, *fairylike*
la félicitation, *congratulation*
féliciter, *to congratulate*
se fendre, *to split*
un fer à repasser, *iron*
une ferme, *farm*
fermer, *to shut, close*
   fermer à clef, *to lock*
un fermier, *farmer*
une fête, *holiday, festival*
un feu, *fire, traffic light*
   un feu d'artifice,
     firework
   mettre le feu à, *to set*
     fire to
   prendre feu, *to catch*
     fire
une feuille, *leaf*

une fiche, *form*
fidèle, *faithful*
fier(fière), *proud*
se fier à, *to trust*
fiévreusement, *feverishly*
figer, *to transfix*
une figure, *face*
se figurer, *to imagine*
un filet, *rack (in train)*
une fille, *daughter*
une jeune fille, *girl*
une fillette, *little girl*
un fils, *son*
la fin, *end*
   prendre fin, *to come to*
     an end
   flatter, *to flatter*
une flèche, *arrow*
une fleur, *flower*
un fleuve, *river*
un flic, *policeman (colloquial)*
le foin, *hay*
une fois, *once*
la folie, *madness*
fonctionner, *to work*
   (*machine*)
au fond, *in the background,*
   at the bottom
à fond, *thoroughly*
fonder, *to found*
la force, *strength*
une forêt, *forest*
la forme, *shape*
formidable, *terrific*
fort(e), *strong*
fou (folle), *mad*
un fouet, *whip*
une foule, *crowd*
se fouler, *to sprain*
une fourchette, *fork*
la fournaise, *furnace*
fournir, *to provide*
frais (fraîche), *fresh*

les frais (*m.*), *expenses*
français(e), *French*
frapper, *to hit*
un frein, *brake*
un frère, *brother*
une friandise, *delicacy*
froid(e), *cold*
    il fait froid, *it is cold*
le fromage, *cheese*
la frontière, *frontier*
fuir, *to flee*
la fumée, *smoke*
fumer, *to smoke*
la fureur, *fury*
des fuseaux (*m.*), *ski pants*
un fusil, *gun*
fusiller, *to shoot*

gagner, *to earn, win*
un gamin, *boy (colloquial)*
un gant, *glove*
un garagiste, *garage-worker*
un garçon, *boy*
garder, *to keep*
un gardien, *keeper, official*
une gare, *station*
garer, *to park*
le gars, *man, fellow*
un gâteau, *cake*
gâter, *to spoil*
gauche, *left*
 à gauche, *on the left*
geler, *to freeze*
gémir, *to groan*
un gémissement, *groan*
un gendarme, *policeman*
gêné(e), *embarrassed*
généralement, *generally*
génial(e), *inspired*
un génie, *genius*
un genou, *knee*
un genre, *type*
les gens (*m.* or *f.*), *people*

gentil(le), *nice*
un geste, *movement*
une glace, *ice-cream, mirror*
la glace, *ice*
une glissade, *slide, slip*
glissant(e), *slippery*
un goujon, *gudgeon*
goûter, *to taste*
le goûter, *tea-time*
une gouvernante, *housekeeper*
le gouvernement, *government*
gouverner, *to govern*
un grade, *rank (army)*
la grandeur, *size*
grandir, *to become bigger*
gras(grasse), *fat*
gratuit, *free*
le gré, *free-will*
grelotter, *to shiver*
grièvement, *seriously*
une griffe, *claw*
grimper, *to climb*
gris(e), *grey*
grogner, *to grumble*
gronder, *to scold, grumble*
gros (grosse), *big*
une grue, *crane*
guérir, *to cure*
la guerre, *war*
une guitare, *guitar*

s'habiller, *to dress (oneself)*
un habitant, *inhabitant*
habiter, *to live (in)*
d'habitude, *usually*
avoir l'habitude de, *to be in the habit of*
habituel(le), *usual, habitual*
s'habituer à, *to accustom oneself to*
une hache, *axe*
une haie, *hedge*
l'haleine (*f.*), *breath*

hâter, *to hasten*
hausser, *to shrug*
haut(e), *high*
héberger, *to shelter*
une hélice, *propellor*
un hélicoptère, *helicopter*
l'herbe (*f.*), *grass*
une héroïne, *heroine*
un héros, *hero*
hésiter, *hesitate*
de bonne heure, *early*
heureusement, *luckily*
heureux(se), *happy, glad*
heurter, *to strike against,*
   to bump
hier, *yesterday*
hisser, *to hoist*
une histoire, *story, history*
l'hiver (*m.*), *winter*
un homme, *man*
honteux, *ashamed*
un hôpital, *hospital*
un horaire, *timetable*
une horloge, *clock (public)*
un hôte, *guest*
l'huile (*f.*) (solaire), *oil*
   (*suntan*)
humain(e), *human*
humer, *to sniff*
de (bonne) humeur, *in a (good)*
   temper
humide, *wet*
hurler, *to howl*

une idée, *idea*
il y a, *there is, there are, ago*
  il n'y a pas de quoi,
   don't mention it
  qu'est-ce qu'il y a ?
   what's the matter ?
une image, *picture*
imaginaire, *imaginary*
imiter, *to imitate*

immangeable, *uneatable*
immédiatement,
  immediately
un immeuble, *block of flats*
immobile, *motionless*
immobiliser, *to immobilize*
une impératrice, *empress*
un imperméable, *raincoat,*
  waterproof
n'importe, *no matter*
un impôt, *tax*
impressionner, *to impress*
inanimé(e), *lifeless*
inattendu(e), *unexpected*
un inconnu, *stranger*
inconnu(e), *unknown*
incroyable, *unbelievable*
l'Inde (*f.*), *India*
indiquer, *to point, indicate*
un individu, *person, individual*
indocile, *disobedient*
inférieur(e), *lower, inferior*
un infirmier, *male nurse*
une infirmière, *nurse*
un ingénieur, *engineer*
inhabité(e), *uninhabited*
innombrable, *innumerable*
une inondation, *flood*
inquiet(-iète), *anxious*
s' inquiéter de, *to be anxious*
  about
s' installer, *to settle*
insupportable, *insufferable,*
  unbearable
intéressant(e), *interesting*
l'intérêt (*m.*), *interest*
l'intérieur (*f.*), *interior*
interroger, *to interrogate*
interrompre, *to interrupt*
un invité, *guest*
italien(ne), *Italian*

jaloux(-ouse), *jealous*

une jambe, *leg*
le jambon, *ham*
le Japon, *Japan*
japonais(e), *Japanese*
un jardin, *garden*
un jardinier, *gardener*
jaune, *yellow*
jaunir, *to become yellow*
jeter, *to throw*
un jeu, *game*
jeune, *young*
la joie, *joy*
joli(e), *pretty*
une joue, *cheek*
    se mettre en joue, *to aim (gun)*
jouer, *to play*
jouir (de), *to enjoy*
un journal, *newspaper, diary*
juger, *to judge*
une jupe, *skirt*
le jus de pommes, *apple juice*
jusqu'à, *as far as, until*

un kilo, *kilogramme*
un kilomètre, *kilometre*
un kiosque, *kiosk*

là, *there*
là-bas, *over there*
labourer, *to plough*
un laboureur, *ploughman*
un lac, *lake*
    le lac Léman, *Lake Geneva*
un lâche, *coward*
lâcher, *to let go*
laid(e), *ugly*
la laine, *wool*
laisser, *to let, leave*
le lait, *milk*
une lampe, *lamp*

lancer, *to throw, launch*
une langue, *language, tongue*
un lapin, *rabbit*
large, *wide*
une larme, *tear*
(se) laver, *to wash (oneself)*
une leçon, *lesson*
un lecteur, une lectrice, *reader*
une lecture, *reading*
léger (légère), *light*
légèrement, *lightly*
un légume, *vegetable*
le lendemain, *the next day*
lentement, *slowly*
lequel, laquelle, *which*
la lessive, *washing*
lever, *to lift*
    se lever, *to get up*
libérer, *to set free*
un libraire, *bookseller*
une librairie, *bookshop*
un lien, *bond*
(avoir) lieu, *to take place*
au lieu de, *instead of*
une ligne, *line*
la limonade, *lemonade*
le linge, *washing*
un lionceau, *lion cub*
lire, *to read*
un lit, *bed*
un livre, *book*
une livre, *pound*
une loge (de concierge), *(porter's) lodge*
la loi, *law*
loin de, *far from*
lointain(e), *distant*
Londres, *London*
le long de, *along*
lors de, *on the occasion of*
louer, *to hire, rent, praise*
lourd(e), *heavy*

lui-même, *himself*
la lumière, *light*
la lune, *moon*
la lune de miel, *honeymoon*
les lunettes (*f.*), *spectacles*
une lutte, *struggle*
lutter, *to struggle*
le luxe, *luxury*
un lycée, *grammar school*

une machine à laver, *washing machine*
un magasin, *shop*
un magazine, *magazine*
un magnétophone, *tape-recorder*
magnifique, *magnificent*
maigre, *thin*
maigrir, *to slim, grow thin*
un maillot, *bathing costume, jersey*
une main, *hand*
maintenant, *now*
maintenir, *to maintain, keep*
la mairie, *town hall*
une maison, *house*
un maître, *master*
mal, *badly*
il a mal à la tête, *he has a headache*
le mal de mer, *sea-sickness*
malade, *ill*
maladroit(e), *clumsy*
malgré, *in spite of*
malheureusement, *unfortunately*
la Manche, *English Channel*
la manière, *way, manner*
manquer, *to miss, to be lacking*
un manteau, *coat (lady's or girl's)*

un(e) marchand(e), *shopkeeper*
le marché, *market*
bon marché, *cheap*
un mari, *husband*
se marier, *to get married*
un marin, *sailor*
la marine, *navy*
la marque, *make (of car, etc.)*
marquer, *to mark*
un Marseillais, *an inhabitant of Marseilles*
masser, *to massage*
un mât, *mast*
un matelot, *sailor*
une matière, *school subject*
mauvais(e), *bad*
un mécanicien, *mechanic*
méchant(e), *naughty*
mécontent(e), *discontented*
un médecin, *doctor*
la méfiance, *mistrust*
meilleur(e), *better*
le meilleur, *best*
même, *same, even*
de même, *similarly*
menacer, *to threaten*
(faire) le ménage, *(to do) the housework*
un mendiant, *beggar*
mener, *to lead*
un mensonge, *lie*
mentir, *to lie*
la mer, *sea*
merveilleux(se), *marvellous*
une mésaventure, *misadventure*
à mesure que, *as, to the extent that*
un métier, *occupation*
métrique, *metric*
mettre, *to put (on)*
mettre en marche, *to start (an engine)*

mettre la table, *to lay the table*
se mettre à, *to begin to*
un meuble, *piece of furniture*
une meule, *stack*
le Midi, *South of France*
mieux, *better*
un milieu, *environment*
au milieu de, *in the middle of*
un millier, *thousand*
mince, *thin*
une mise en plis, *set (hair style)*
un misérable, *wretch*
la misère, *poverty, misery*
une mitrailleuse, *machine-gun*
le moindre, *the least*
moins, *minus, less*
au moins, *at least*
la moitié, *half*
un monarque, *monarch*
le monde, *world*
   beaucoup de monde, *many people*
   tout le monde, *everybody*
mondial, *world-wide*
monétaire, *monetary*
un montagnard, *mountaineer*
monter, *to go up, get in*
une montre, *watch*
une montre-bracelet, *wrist-watch*
montrer, *to show*
se moquer de, *to laugh at*
un morceau, *piece*
mordre, *to bite*
mort(e), *dead*
un mot, *word*
un motard, *patrol policeman*
un moteur, *engine*
une moto, *motorcycle*
mou (molle), *soft*

un mouchoir, *handkerchief*
une mouette, *seagull*
mouillé(e), *soaked, wet through*
mouillé(e) jusqu'aux os, *wet to the skin*
mourir, *to die*
un mousquetaire, *musketeer*
un mousse, *cabin boy*
un mouton, *sheep*
un mouvement, *movement*
au moyen de, *by means of*
(en) moyenne, *on an average*
muet(te), *dumb*
un mur, *wall*
un musée, *museum*
un mystère, *mystery*

nager, *to swim*
un nageur, *swimmer*
la naissance, *birth*
naître, *to be born*
une nappe, *tablecloth*
la natation, *swimming*
un naufrage, *shipwreck*
naviguer, *to sail*
un navire, *ship*
ne . . . aucun, *no*
ne . . . jamais, *never*
ne . . ni . . ni, *neither . . nor*
ne . . . pas, *not*
ne . . . personne, *no one*
ne . . . plus, *no more, no longer*
ne . . . que, *only*
ne . . . rien, *nothing*
né(e), *born*
négliger, *to neglect*
la neige, *snow*
les nerfs (*m.*), *nerves*
nerveux, *nervous*
nettoyer, *to clean*
neuf(ve), *new*

un neveu, *nephew*
un nez, *nose*
un nid, *nest*
une nièce, *niece*
un niveau, *level*
Noël, *Christmas*
noir(e), *black, dark*
un nom, *name*
un nombre, *number*
nombreux(-euse), *numerous*
le nord, *north*
la note, *bill, mark (school)*
la nourriture, *food*
nouveau (nouvelle), *new*
de nouveau, *again*
la nouveauté, *novelty*
les nouvelles (*f.*), *news*
se noyer, *to be drowned*
nu(e), *bare, naked*
un nuage, *cloud*
une nuit, *night*
nul(le), *no*
un numéro, *number*

obéir, *to obey*
un objet, *object, thing*
l'obscurité (*f.*), *darkness*
obtenir, *to obtain*
s'occuper de, *to busy oneself
    with*
une odeur, *smell, odour*
un œil (des yeux), *eye (eyes)*
un œuf, *egg*
une œuvre, *work (artistic)*
l'office (*m.*), *larder, pantry*
offrir, *to offer*
un oiseau, *bird*
une ombre, *shadow, shade*
l'or (*m.*), *gold*
un orage, *storm*
ordonner, *to order*
une oreille, *ear*
ôter, *to take off*

oublier, *to forget*
l'ouest (*m.*), *west*
un outil, *tool*
ouvert(e), *open*
une ouvreuse, *cinema or
    theatre attendant*
un ouvrier, *workman*
ouvrir, *to open*

la paille, *straw*
le pain, *bread, loaf*
la paix, *peace*
un palais, *palace*
pâlir, *to grow pale*
un panier, *basket*
une panne, *breakdown (car)*
un paquebot, *steamer*
par, *through, by*
par conséquent,
    consequently
paraître, *to appear*
un parapluie, *umbrella*
parce que, *because*
un pardessus, *overcoat (man's
    or boy's)*
par-dessus, *over*
un pare-brise, *windscreen*
pareil(le), *like, similar*
la parenté, *relationship*
paresseux(se), *lazy*
parfait(e), *perfect*
un pari, *bet*
parier, *to bet*
parmi, *amongst*
une parole, *word, speech*
partager, *to share*
une partie, *part, game*
faire partie de, *to join
    in, to be part of*
partir, *to set off, leave*
partout, *everywhere*
parvenir, *to succeed*
un pas, *step*

le Pas de Calais, *Straits of Dover*
un passager, *passenger*
le passé, *the past*
se passer, *to happen*
une passerelle, *bridge (on ship)*
un passetemps, *pastime*
patiemment, *patiently*
un patin, *skate*
le patinage, *skating*
patiner, *to skate*
un pays, *country*
un paysage, *landscape*
un(e) paysan(ne), *peasant*
la peau, *skin*
la pêche, *fishing*
pêcher, *to fish*
un pêcheur, *fisherman*
pédagogigue, *educational*
peigner, *to comb*
peindre, *to paint*
la peine, *difficulty, trouble*
à peine, *hardly*
un peintre, *painter*
une peinture, *painting*
une pelouse, *lawn*
se pencher, *to lean*
pendant, *during*
pendant que, *whilst*
pendre, *to hang*
penser, *to think*
une pente, *slope*
perdre, *to lose*
permettre, *to allow*
un permis de conduire, *driving licence*
la Perse, *Persia*
personne, *nobody*
une perte, *loss*
peser, *to weigh*
petit(e), *small, little*
un peu, *a little*
sous peu, *very soon*

le peuple, *the people (of a country)*
un peuplier, *poplar*
la peur, *fear*
avoir peur de, *to be afraid of*
peut-être, *perhaps*
une pharmacie, *chemist's shop*
un pharmacien, *chemist*
une photo(graphie), *photograph*
une phrase, *sentence*
un pic, *peak*
une pièce, *room, play*
un pied, *foot*
une pierre, *stone*
un piéton, *pedestrian*
pieux(pieuse), *pious*
un pique-nique, *picnic*
piquer, *to stick in (e.g. pins in a pincushion)*
pire, pis, *worse*
tant pis, *so much the worse*
une piscine, *swimming-pool*
une piste, *track*
un pistolet, *pistol*
un placard, *cupboard*
une place, *square*
placer, *to invest (money)*
une plage, *beach*
plaisanter, *to joke*
une plaisanterie, *joke*
le plaisir, *pleasure*
un plancher, *floor*
plat(e), *flat*
un plateau, *tray*
plein(e), *full*
en plein air, *in the open air*
pleurer, *to weep*
il pleut, *it is raining*
il pleut à verse, *it is raining in torrents*

un plombier, *plumber*
la pluie, *rain*
plumer, *to pluck (bird)*
la plupart, *most*
plusieurs, *several*
plutôt, *rather*
un pneu, *tyre*
une poche, *pocket*
un poète, *poet*
le poids, *weight*
un poing, *fist*
un poisson, *fish*
polonais, *Polish*
une pomme, *apple*
une pomme de terre, *potato*
une pompe, *pump*
un pompier, *fireman*
un pont, *bridge, deck*
un porte-monnaie, *purse*
poser (une question),
    to put, place, ask
    (a question)
posséder, *to possess*
un poste de police,
    police station
un poste de télévision,
    television set
le potage, *soup*
une poule, *hen*
un poulet, *chicken*
une poupée, *doll*
un pourboire, *tip*
poursuivre, *to pursue*
pourtant, *however*
pousser, *to push*
    pousser un soupir,
        to sigh
pratiquer, *to practise*
se précipiter, *to rush*
précis(e), *precise*
    à 3 heures précises, *at*
    3 o'clock sharp
préféré(e), *favourite*

prendre, *to take*
    prendre fin, *to come to*
    an end
près de, *near*
présenter, *to introduce*
presque, *almost*
prêt(e), *ready*
prêter, *to lend*
un prêtre, *priest*
(faire) preuve de, *give proof of,*
    demonstrate
prévenir, *to warn*
prier, *to beg*
au printemps, *in spring*
prise: lâcher prise,
    to let go
privé(e), *private, deprived*
un prix, *price, prize*
    à tout prix, *at all costs*
prochain(e), *next*
proche, *near*
prodigieux(se), *prodigious*
produire, *to produce*
profond(e), *deep*
profondément, *deeply*
la profondeur, *depth*
un projecteur, *projector*
    (searchlight)
une promenade, *walk*
se promener, *to walk*
une promesse, *promise*
promettre, *to promise*
propre, *clean, own*
un propriétaire, *owner*
un protecteur, *protector*
protéger, *to protect*
prouver, *to prove*
prussien(ne), *Prussian*
puis, *then*
puisque, *since*
punir, *to punish*

un quai, *railway platform, quay*

quand même, *in any case*
quant à, *as for*
un quart, *quarter*
quelque chose, *something*
quelquefois, *sometimes*
quelqu'un(e), *someone*
quelques-un(e)s, *some*
se quereller, *quarrel*
querelleux(se), *quarrelsome*
une queue, *tail, queue*
quitter, *to leave*

raconter, *to tell*
un radeau, *raft*
rafraîchir, *to refresh*
raide, *steep*
avoir raison, *to be right*
ramasser, *to pick up*
une rame, *oar*
ramer, *to row*
une rangée, *row*
rappeler, *to remind*
se rappeler, *to remember*
un rapport, *connection*
rapporter, *to bring back*
rarement, *rarely*
se raser, *to shave*
ravi(e), *delighted*
ravissant(e), *charming*
réagir, *to react*
récemment, *recently*
la réception, *reception desk*
recevoir, *to receive*
un réchaud, *stove*
la recherche, *search*
une récompense, *reward*
la reconnaissance, *gratitude,*
   reconnaissance
reconnaître, *to recognise*
redresser (la tête), *to*
   raise again
se redresser, *to stand up*
   straight

réfléchir, *to think, reflect*
se réfugier, *to take refuge*
un regard, *look, glance*
regarder, *to look at*
le règne, *reign*
régner, *to reign*
une reine, *queen*
une remarque, *remark*
remarquer, *to notice*
rembourser, *to pay back*
remercier, *to thank*
remettre, *to put back*
remorque, prendre à la,
   to tow
remplir, *to fill*
rencontrer, *to meet*
se rendormir, *to fall asleep*
   again
rendre, *to give back*
   rendre visite (à), *to pay*
   a visit (to)
un renseignement, *piece of*
   information
rentrer, *to return*
renverser, *to overthrow*
se répandre, *to spread*
réparer, *to repair*
un repas, *meal*
repasser, *to iron, revise*
répliquer, *to reply*
répondre, *to reply*
une réponse, *reply*
le repos, *rest*
se reposer, *to rest*
repousser, *to repulse*
la représentation,
   performance
réprimer, *to repress*
un reproche, *reproach*
reprocher, *to reproach*
résoudre, *to decide,*
   resolve
respirer, *to breathe*

ressembler, *to resemble*
rester, *to remain*
un résultat, *result*
un résumé, *summary*
en retard, *late*
retenir, *to retain*
(se) retirer, *to withdraw, pull out*
le retour, *return*
se retourner, *to turn round*
la retraite, *retirement, retreat*
se retrouver, *to be back again*
réussir, *to succeed*
la revanche, *return match*
un rêve, *dream*
réveiller, *to awaken*
  se réveiller, *to wake up*
revenir, *to come back*
rêver, *to dream*
revoir, *to see again*
révoquer, *to revoke*
le rez-de-chaussée, *ground floor*
rire, *to laugh*
une rive, *bank*
une robe, *dress*
  une robe de chambre, *dressing-gown*
un rocher, *rock*
un roi, *king*
un roman, *novel*
  un roman policier, *detective novel*
un romancier, *novelist*
le rosbif, *roast beef*
rôti(e), *roast*
une roue, *wheel*
rouler, *to go (of cars, etc.), roll*
un royaume, *kingdom*
un ruisseau, *stream*
ruisselant(e), *streaming*
russe, *Russian*

le sable, *sand*
saisir, *to seize, grasp*
sale, *dirty*
une salle de bain, *bathroom*
une salle de séjour, *living-room*
un salon, *drawing-room*
saluer, *to greet, salute*
le sang, *blood*
sans, *without*
la santé, *health*
sauf, *except*
un saut, *jump*
sauter, *to jump*
sauvage, *savage, wild*
sauver, *to save*
  se sauver, *to run away*
un sauvetage (canot de), *life-boat*
un savant, *learned man*
savoir, *to know*
un seau, *bucket*
sec (sèche), *dry*
sécher, *to dry*
secouer, *to shake*
au secours! *help!*
une secousse, *shock*
un séjour, *stay*
selon, *according to*
sembler, *to seem*
le sens, *direction, sense*
un sentiment, *feeling*
sentir, *to feel, smell*
serrer, *to shake (hands)*
une serrure, *lock*
un serrurier, *locksmith*
une serviette, *towel, briefcase*
servir à, *to be used for*
se servir de, *to make use of*
seul(e), *alone*
sévèrement, *severely*
si, *if; yes*
un siècle, *century*
un siège, *seat*

siffler, *to whistle*
silencieusement, *silently*
silencieux(se), *silent*
un singe, *monkey*
le ski nautique, *water-skiing*
une sœur, *sister*
la soie, *silk*
la soif, *thirst*
    avoir soif, *to be thirsty*
soigner, *to care for*
soigneusement, *carefully*
le soin, *care*
un soir, *evening*
un soldat, *soldier*
le soleil, *sun*
sombre, *gloomy*
une somme, *sum*
le sommet, *top*
un son, *sound*
songer, *to think*
sonner, *to ring*
la sonnette, *bell*
un sorcier, *magician*
la sorte, *kind*
de sorte que, *so that*
la sortie, *exit*
sortir, *to go out, pull out*
une soucoupe, *saucer*
soudain, *suddenly*
un souffle, *breath*
souffler, *to blow*
un souhait, *wish*
souhaiter, *to wish*
soulagé(e), *relieved*
le soulagement, *relief*
soulever, *to lift*
un soulier, *shoe*
soumettre, *to submit*
un soupçon, *suspicion*
soupçonner, *to suspect*
un souper, *supper*
un soupir, *sigh*
soupirer, *to sigh*

une source, *spring*
sourd(e), *deaf*
souriant(e), *smiling*
sourire, *to smile*
sous, *under*
se souvenir de, *to remember*
souvent, *often*
la stupéfaction, *astonishment*
stupéfait(e), *stupefied*
subir, *to undergo*
le sucre, *sugar*
le sud, *south*
le sud-est, *south-east*
suffire, *to suffice, be enough*
suisse, *Swiss*
la Suisse, *Switzerland*
suivant(e), *following, next*
suivre, *to follow*
un sujet, *subject*
supporter, *to bear*
sûr(e), *sure*
la sûreté, *safety*
le surlendemain, *next day
    but one*
surtout, *above all*
la surveillance, *supervision*
surveiller, *to watch*
survoler, *to fly over*
sympathique, *likeable*
un syndicat d'initiative,
    information bureau

le tabac, *tobacco*
un tableau, *picture*
un tablier, *apron*
un tabouret, *stool*
une tache, *spot*
une tâche, *task*
la taille, *shape, size*
se taire, *to be silent*
tandis que, *whereas*
tant (de), *so much, so
    many*

tant mieux, *so much the
better*
tant pis, *so much the worse*
une tante, *aunt*
un tapis, *carpet*
tard, *late*
un tas, *heap*
une tasse, *cup*
tel(le), *such*
tellement, *to such an
extent*
témoigner, *to show
(gratitude, etc.)*
un témoin, *witness*
une tempête, *storm*
le temps, *weather; time*
à temps, *in time*
de temps en temps,
from time to time
en même temps, *at the
same time*
tendu(e), *tense*
les ténèbres (*f.*), *darkness*
tenir, *to hold*
tentant(e), *tempting*
une tentation, *temptation*
une tentative, *attempt*
un terrain, *ground*
une terrasse, *terrace*
la terre, *ground*
par terre, *on the ground*
une tête, *head*
le thé, *tea*
un timbre, *stamp*
timide, *shy*
tirer, *to pull, shoot, take
from*
un tiroir, *drawer*
un titre, *title*
une toile, *cloth*
un toit, *roof*
tolérer, *to tolerate*
tomber, *to fall*

une tondeuse, *lawn-mower*
tondre, *to cut grass*
un tonneau, *ton (ship's weight)*
tonner, *to thunder*
le tonnerre, *thunder*
avoir tort, *to be wrong*
tôt, *soon*
toujours, *always*
un tour, *turn, trick*
faire le tour, *to go round*
jouer un tour, *to play
a trick*
un tournant, *bend (in road)*
un tourne-disques, *record
player*
tournoyer, *to whirl*
tout(e) (*plural:* tous,
toutes), *all, every*
tout à coup, *suddenly*
tout de suite,
immediately
tout le monde,
everybody
un traducteur, *translator*
la traduction, *translation*
traduire, *to translate*
la trahison, *treason*
en train de, *in the act of*
traire, *to milk*
traiter, *to treat*
un trajet, *journey*
tranquille(ment), *quiet(ly)*
une trappe, *trap-door*
trapu(e), *thickset*
le travail, *work*
travailler, *to work*
un travailleur, *worker*
à travers, *across*
une traversée, *crossing*
traverser, *to cross*
tressaillir, *to tremble*
une trêve, *truce*
tricoter, *to knit*

triste, *sad*
une trompe, *elephant's trunk*
tromper, *to deceive*
   se tromper, *to make a mistake*
trop, *too, too much, too many*
un trou, *hole*
un troupeau, *flock*
trouver, *to find*
   se trouver, *to be*
tuer, *to kill*
tutoyer, *to address someone as "tu"*
un tuyau, *pipe*

user de, *to make use of*
une usine, *factory*
utiliser, *to use*

les vacances (*f.*), *holidays*
une vache, *cow*
vagabonder, *to wander*
une vague, *wave*
vaillant(e), *valiant, brave*
la vaisselle, *crockery, washing-up*
la valeur, *value*
une valise, *suitcase*
valoir, *to be worth*
vaniteux(-euse), *vain*
se vanter, *to boast*
la vapeur, *steam*
une vareuse, *pullover, jersey*
un vaurien, *good-for-nothing*
vécu, *lived*
la veille, *the day before*
un vélo, *bicycle*
un vélodrome, *stadium for cycle races*
une vendeuse, *saleswoman* (un vendeur)
vendre, *to sell*

venir, *to come*
   venir de, *to have just*
le vent, *wind*
   il fait du vent, *it is windy*
le ventre, *stomach*
un ver, *worm*
un verger, *orchard*
vérifier, *to check, verify*
véritable, *true, real*
la vérité, *truth*
un verre, *glass*
vers, *towards*
verser, *to pour*
vert(e), *green*
un veston, *coat*
un vêtement, *article of clothing*
vêtu(e) de, *dressed in*
un veuf, *widower*
veuillez, *please*
une veuve, *widow*
la viande, *meat*
vide, *empty*
vider, *to empty*
la vie, *life*
vieux (vieille), *old*
vif (vive), *alive, lively*
une ville, *town*
le vin, *wine*
un violon, *violin*
un virage, *turn, turning*
un visage, *face*
viser, *to aim at*
vite, *quickly*
la vitesse, *speed*
en vitesse, *quickly*
vivant(e), *alive*
vivre, *to live*
des vivres, *provisions*
le (la) voici, *here it is*
une voile, *sail*
un voilier, *sailing ship*

voir, *to see*
un voisin, *neighbour*
une voix, *voice*
un vol, *flight; theft*
voler, *to fly; to steal*
un voleur, *thief*
volontiers, *willingly*
vouloir, *to want, wish*
  je voudrais, *I should
  like*
un voyage, *journey*
voyager, *to travel*

vrai(e), *true, real*
vraiment, *really*
vraisemblable, *probable,
  likely*
une vue, *view*

la Wehrmacht, *German
  army*

y, *there*
les yeux (*m.*), *eyes*